AF532901

Vom Kleingartendach die rauchende Innenstadt

Thomas Jez

Trottoir Noir | Skizzenbücher # 22 | Erzählungen

Inhaltsverzeichnis

Gras

Gestern früh ging mein Rasenmäher kaputt. Vielleicht war es auch irgendwann in den vierundzwanzig Stunden davor passiert. Gestern früh jedenfalls stellte ich es fest. Ich wollte ihn einschalten und er blieb stumm. Gestern war der erste Tag seit ich zurückdenken kann, dass ich den Rasen nicht gemäht habe. Heute ist der zweite Tag.

Ich bin kein Ordnungsfanatiker. Zwei von meinen Fenstern haben statt Scheiben Spanplatten, die inzwischen durchgeweicht sind. Der Gartenzaun ist zusammengefallen. Das Klo seit Monaten verstopft. Ich gehe im Garten in die Büsche. Nur mein Rasen ist mustergültig. Immer gegossen, saftig grün, ganz kurz. Mein Garten besteht nur aus Rasen, nichts als erstklassiger Rasen, bis auf die kleine Gruppe Büsche. Die kann ich erst umhacken, wenn das Klo wieder funktioniert.

Ich habe versucht, den Rasenmäher zu reparieren. Dazu hätte ich zuerst die Abdeckung entfernen müssen. Das ging nicht, weil ich meine Schraubenschlüssel nicht gefunden habe. Ich trat gegen das Gerät, vorsichtig, um nicht alles schlimmer zu machen. Aber er sagte nichts.

Gestern Abend ging es noch, das Gras war zwar gewachsen, aber nur ganz wenig. Einem anderen als mir wäre es kaum aufgefallen.

Heute Morgen wachte ich um sechs auf. Seit Jahren wache ich um sechs auf, damit ich pünktlich um sieben den Rasenmäher starten kann. Ich vergaß erst, dass es an diesem Morgen keinen Grund gab, aufzustehen. Als ich schon die Socken anhatte, fiel mir ein: „Heute kannst du endlich mal ausschlafen." Ich versuchte, bei dem Gedanken zu lächeln, zog die Socken aus und legte mich wieder hin. Ich schlief nicht noch mal ein, natürlich nicht, wer jahrelang Tag für Tag um sechs aufsteht, kann nicht wie auf Befehl plötzlich länger schlafen. Es war aber nicht nur das, mich quälte auch der Gedanke, wie der Rasen jetzt aussehen mag. War es überhaupt noch ein Rasen oder nahm er schon das Aussehen einer wilden Wiese, eines Unkrautdschungels, wie er auf Müllkippen wächst, an? Ich lief, ohne mich zu rasieren, zu waschen oder anzuziehen nach draußen. Es war noch ein kurzer grüner Rasen. Noch. Ich musste etwas tun. Zuerst: mich beruhigen, damit ich das Problem mit der nötigen Rationalität angehen könnte.

Ich rasierte und wusch mich, kochte Kaffee, schmierte mir ein Marmeladen- und ein Käsebrötchen. Ich war aber noch so durcheinander, dass ich die Brötchen nicht wie sonst genießen konnte. Ich musste sie geradezu hinunterwürgen.

Aber jetzt geht es. Ich habe das Essen beiseitegeschoben, ein Blatt Papier genommen und versuche, das Problem zu analysieren. Zuerst formuliere ich es: Ich finde mein Werkzeug nicht. Nein, das ist nicht das Problem. Ich schiebe das Papier beiseite. Bevor ich irgendwelche Analysen aufschreibe, muss ich überlegen, was ich eigentlich analysieren will.

Das Problem ist natürlich, der Rasenmäher ist kaputt. Kann man so auch wieder nicht sagen. Ich kann den Rasen nicht mähen. Dass das Gras wächst, ist das Problem. Warum eigentlich? Lass es doch wachsen. Nein, ich muss einfach den Rasenmäher reparieren lassen.

Kann ich nicht, das alte Ding repariert mir niemand, oder nur für so viel Geld, dass ich mir einen neuen kaufen kann.

Kann ich das? Zur Zeit habe ich das Geld nicht. Ich kann es sparen.

Kann ich nicht. Wenn jemand vom Sozialamt kommt und den neuen Rasenmäher sieht, gibt es Ärger. Jetzt, wo sie endlich wegen des Hauses Ruhe geben.

Ich hätte Vermögen, das Haus, nimm eine Hypothek auf, sagten sie,

das ist doch nicht euer Ernst, sagte ich, dieses Haus ist beim besten Willen kein Vermögen, darauf leiht mir keiner was,

gebt mir eine Wohnung, zahlt mir die Miete, dann könnt ihr das Haus haben,

oder nehmt mir das Haus einfach weg, dann habt ihr eine Ruine und einen Obdachlosen mehr, der euch die Statistik versaut,

werden Sie mal nicht frech, wir können auch anders, konnten sie anscheinend doch nicht, denn sie gaben Ruhe,

sie konnten mir das Haus nicht wegnehmen, aber sie nehmen mir den neuen Rasenmäher weg.

Eine Wiese kann man nicht nur mit einem Rasenmäher kurz halten, sondern auch mit einem Schaf. Aber ich weiß nicht, ob das so einfach ist: Schaf auf die Wiese stellen, die frisst es ab, und mehr verlangt es nicht. Das will bestimmt Liebe und Zuneigung, vielleicht sind ihm Liebe und Zuneigung unwichtig. Aber es muss sich bei Regen irgendwo unterstellen, saufen muss es. Und es sieht mich aus seinen sanften Schafsaugen an, wo soll es sonst hingucken, es beobachtet mich die ganze Zeit.

Warum macht mich ausgerechnet ein ungepflegter Rasen so krank? Das ist das Problem. Bestimmt irgendwas Verdrängtes aus der Kindheit, da ist es zu spät, noch etwas zu tun.

Vielleicht geht es mir gar nicht darum, dass der Rasen kurz ist, sondern darum, dass ich ihn mähe, jeden Tag mähe.

Der Rasen war meine einzige Aufgabe, er hat mich ausgefüllt.

Ich bin früh aufgestanden, damit Spaziergänger, die morgens schon unterwegs sind, einen perfekten Rasen vorfinden. Ich bin nie verreist, weil er sonst verwildert wäre. Nach dem Mähen hatte ich zwar noch den ganzen Tag vor mir. Doch den habe ich verbracht mit dem Ölen des Rasenmähers, der Kontrolle der Graspflänzchen. Eigentlich hat auch das nicht den ganzen Tag, sondern nur einige Minuten gedauert. Aber der Rasen hat all meine Gedanken blockiert, was weiß ich warum.

Keine Familie, keine Freunde, keine Frau, niemand, nichts, außer dem Rasen. Und der Rasen ist nicht mehr. Die Gelegenheit, wieder etwas mit meinem Leben anzufangen: zuerst zwischenmenschliche Beziehungen aufbauen. Falls ich dazu nach so langer Verkümmerung noch in der Lage bin. Vielleicht sollte ich für den Anfang kleinere Brötchen backen. Mit einem Tier beginnen. Also doch ein Schaf. Aber wenn das auf der Wiese steht und alles überblickt, wie kann ich dann noch in die Büsche gehen. Ehe ich ein Schaf anschaffe, muss ich die Toilette reparieren.

Ich lasse Essen und Schreibzeug liegen und gehe voller Energie ins Badezimmer.

Dort finde ich neben dem Toilettenbecken mein Werkzeug. Jetzt fällt es mir wieder ein. Als ich die Verstopfung feststellte, wollte ich das in Ordnung bringen, hatte dann gemerkt, dass ich das mit einem Satz Schraubenschlüssel nicht kann. Die Schraubenschlüssel habe ich dort vergessen.

Ich verstehe mich selbst nicht, einen neuen Rasenmäher hätte ich nicht kaufen können, aber ein paar Schraubenschlüssel ohne Probleme. Egal jetzt. Ich nehme das Werkzeug und gehe, renne zum Rasenmäher. Dabei trete ich auf das Stromkabel, der Mäher beginnt loszuheulen. Ich lege das Kabel anders, er verstummt, ich lege es zurück, er springt wieder an. Nahe am Stecker ist ein Wackelkontakt. Ich stecke den Stecker einfach andersherum in die Dose. Es funktioniert. Ewig hält das nicht, aber einige Wochen, oder Monate, oder Jahre, vielleicht doch ewig. Ich beginne, den Rasen zu mähen, und verspüre einen Augenblick unsagbaren Glücks.

Pitbulls

Eine entfernte Cousine hatte ein Haus auf dem Land gekauft und baute es sich jetzt aus. Ich war neugierig auf das Haus und hatte meine Cousine auch schon eine Weile nicht mehr gesehen, also ließ ich mich von ihr einladen und besuchte sie. Am Sonnabend fuhr ich mit dem Bus bis in ihr Dorf, am Sonntag, als ich zurückwollte, gab es keinen Bus und sie brachte mich mit dem Auto auf den Bahnhof einer nahegelegenen Kleinstadt.

Der Bahnhof war weitläufig, für die kleine Stadt geradezu riesig, auch wenn die meisten der Anlagen nicht so aussahen, als würden sie noch genutzt. Ich setzte mich auf die nächste Bank am Eingang, um mit dem Handy eine Fahrkarte zu kaufen. Mein weniges Gepäck hatte ich in einem kleinen Rucksack auf dem Rücken, den ich aufbehielt. Die Handy-App sagte mir, dass ein Fahrkartenkauf nicht möglich sei, weil dieser Bahnhof schon im selben Nahverkehrsverbund wie meine Heimatstadt liege. Das wunderte mich, denn es waren bestimmt 150 Kilometer Entfernung. Ich versuchte es noch einmal, kein Erfolg, es ging nicht. Machte aber auch nichts, ich hatte noch genug Zeit, um woanders eine Fahrkarte zu kaufen.

Wie es aussah, hatte ich den ganzen Bahnhof für mich allein. Ich befand mich auf Bahnsteig 1. Bahnsteig 1 war so groß wie ein Platz und betoniert, aus den Rissen im Beton wuchsen Gras und Unkraut. Von der Bahnsteigkante schaute ich auf die Gleise, die Schienen waren blank, Züge fuhren also noch.

In einiger Entfernung stand ein zweigeschossiger Backsteinbau mit vernagelten Fenstern. Davor war die nächste Bank, daneben eine quaderförmige Säule, offenbar ein Fahrkartenautomat. Die Bänke, das waren hier noch nicht diese Bänke, wie sie sonst inzwischen auf allen Bahnhöfen stehen, die noch einmal durch Armlehnen unterteilt waren, sondern solche altmodischen, auf denen man sich auch hinlegen konnte. Hinter dem Backsteinbau endete der Bahnhof und der Bahnhofsvorplatz begann, eine kahle unbefestigte Fläche. Ich schlenderte langsam zum Automaten, die Sonne senkte sich schon, es war aber noch heiß.

Als ich am Automaten stand und gerade meine Fahrkarte kaufen wollte, hatte ich das Gefühl: Jemand steht hinter mir. Ich schaute mich vorsichtig um. Eine kleine ältere Dame mit vielen Falten und einer großen getönten Brille im Gesicht stand da. Ich fragte mich, wo die auf einmal herkam, aber wahrscheinlich war sie die ganze Zeit genau hinter mir gegangen. Sie hatte halblange weiße Haare, ein altmodisches violettes Kleid und drei kleine Hunde an der Leine. Jedenfalls war ich froh, dass ich es noch vor ihr zum Fahrkartenautomaten geschafft hatte. Bis der Zug abfuhr, dauerte es zwar noch ein bisschen, aber so, wie sie aussah, könnte der Fahrkartenkauf bei ihr durchaus noch länger dauern.

Ich berührte den Bildschirm und der Automat fragte mich, wohin ich wollte. Das teilte ich ihm mit. Er verarbeitete meine Angaben, und der nächste Screen leuchtete auf. Das war wieder derselbe Screen wie der erste, und ich sollte wieder eingeben, wohin ich fahren wollte. Es lief nicht dasselbe Programm wie inzwischen auf allen anderen Fahrkartenautomaten der Deutschen Bahn, sondern es schien noch aus der Zeit zu stammen, wo auf jedem Bahnhof ein anderes Programm lief.

Ich hatte offenbar mein Ziel einfach in ein Feld eingegeben, ohne genau hinzuschauen. Jetzt passte ich besser auf und füllte korrekt das dafür vorgegebene Feld aus. Der Fahrkartenautomat verarbeitete meine Eingaben und dann war ich trotzdem wieder auf dem ersten Screen. Jetzt sah ich mir das Ganze genauer an.

Einer der Hunde stupste mich am Bein. Ich wollte ihn streicheln, zog meine Hand dann aber schnell zurück, nicht weil der Hund zuschnappen wollte oder irgendwie drohte, nein, er blickte mich erwartungsvoll und mit freundlichen Augen an. Alle drei Hunde waren weiß und hatten Köpfe, die ein bisschen wie riesige Eier geformt waren. Wenn die blinzelnden Augen nicht gewesen wären, hätte man sie für kleine weiße Pferdchen mit eiförmig angeschwollenen Köpfen halten können. Es waren Pitbulls, oder vielleicht auch keine Pitbulls, aber auf jeden Fall Kampfhunde, und ich hatte keine Lust auszutesten, wie gefährlich Kampfhunde nun eigentlich tatsächlich sind. Ich wandte mich wieder dem Fahrkartenautomaten zu, konzentrierte mich und versuchte diesmal, nun wirklich alles richtig zu machen, aber ich sah einfach nicht, was ich beim letzten Mal falsch gemacht hatte, also machte ich alles wieder genauso. Meine Eingaben wurden verarbeitet, und diesmal kam ich endlich weiter, ich sollte jetzt mitteilen, wie viele Personen ich sei. Ich teilte es mit: eine. Jetzt stupsten mich alle drei Hunde an. Ich sah die alte Dame an, in der Hoffnung, sie würde ihre Schützlinge zur Ordnung rufen, aber sie schien überhaupt nicht daran zu denken. Ich war nicht sicher, ob sie wusste, was das für Hunde waren. Vielleicht hatte sie die von ihrem Nazienkel zum Aufpassen bekommen und sich nichts dabei gedacht, erst mal waren die ja nicht viel größer als Pudel.

Der Fahrkartenautomat verarbeitete meine Eingaben und ich war auf dem nächsten Screen, was wieder der erste war. Ich sollte eingeben, wo ich hinwolle.

Wenigstens ließen mich jetzt die Hunde in Frieden. Sie wurden von Frauchen geherzt, sprangen an ihr hoch, schleckten sie ab, zeigten dabei ihre riesigen Zähne.

Ich konzentrierte mich wieder auf den Kauf meiner Fahrkarte, las mir noch einmal alles durch und machte alles ganz langsam. Und jetzt kam nach mehreren Screens tatsächlich ein Preis und die Aufforderung, Geld oder eine Geldkarte in den jeweils dafür vorgesehenen Schlitz zu stecken. Aber ich wurde auf dem Weg bis hierher nie nach einer Bahncard gefragt, ich hatte eine Bahncard 25. Ich drückte also auf Abbrechen und begann noch einmal neu.

Plötzlich hörte ich Leute, direkt neben mir. Genauso lautlos und unvermittelt wie vorhin die Frau mit ihren Hunden waren jetzt vier Jugendliche aufgetaucht, zwei Jungen, zwei Mädchen, so zwischen 16 und 18 Jahre alt.

Alle vier standen neben der Bank, auf die Bank hatten sie ihre Reisetaschen gestellt. Einer der beiden Jungen erzählte: „... schwitzt wie ein Schwein, über dem T-Shirt die Jeansjacke, über der Jeansjacke die Bomberjacke, bei der Hitze. Da schwitzt der wie ein Schwein und macht da die Weiber an."

Die Mädchen lachten über den Bericht. Von den Mädchen sah ich nur die Rücken, beide hatten lange blonde Haare, die eine echtes, die andere künstliches Blond.

Ich war inzwischen wieder in der Schleife, die mir immer wieder den ersten Screen anzeigte.

Der Erzähler hatte inzwischen noch einmal von vorn begonnen:

„... schwitzt wie ein Schwein, über dem T-Shirt die Jeansjacke, über der Jeansjacke die Bomberjacke, und macht die Weiber an."

Die Mädchen kicherten wieder, und ich wurde nun zum hundertsten Mal gefragt, wo ich hinwolle.

Die Story wurde zum dritten Mal erzählt.

„... über dem T-Shirt die Jeansjacke, darüber die Bomberjacke bei der Hitze, total fettige Haare und schwitzt wie ein Schwein ..."

„Ich hab nie fettige Haare, ich hau dir gleich eine rein." Das hatte der andere Jugendliche gesagt, der bisher die ganze Zeit nur danebengestanden hatte, ohne etwas zu sagen, aber auch ohne zu lachen.

Ich verlagerte jetzt meine Aufmerksamkeit kurz vom Fahrkartenautomaten auf diese Situation.

„DU willst mir eine reinhauen?", fragte der Erzähler. Er betonte dabei das Wort „Du".

Der andere war zwar größer und breiter, aber trotzdem sah er nicht so aus, als hätte er schon mal jemandem eine reingehauen, oder als könnte er das. Er hatte weiche Züge und am ganzen Körper ein bisschen Babyspeck. Sein Blick strahlte eine Art Dauerfrust aus. Auch in einer Bomberjacke konnte ich ihn mir nicht vorstellen, jetzt trug er ein cremefarbenes langärmliges Hemd. Trotz der Hitze schwitzte er nicht, seine vollen braunen Haare waren offensichtlich frisch gewaschen und geföhnt.

Die Haare des anderen waren fast schwarz, strähnig, ungepflegt und auch ein bisschen fettig. Über seinem weißen T-Shirt trug er eine abgeschabte braune Lederjacke. Er sah sein Gegenüber von unten spöttisch an. Der machte einen Schritt auf ihn zu und blieb dann stehen. Beide sagten nichts. Eigentlich blieb dem Dicklichen jetzt nichts weiter übrig, als tatsächlich zuzuschlagen.

Unvermittelt wandte sich der mit der Lederjacke jetzt mir zu und fragte: „Kann ich Ihnen vielleicht helfen? Mit dem Fahrkartenautomaten hier, das ist nicht ganz einfach."

Er trat neben mich: „Wo wollen Sie denn hin?"

Ich sagte: „Ich komme gut allein zurecht, ich kenne mich mit so was aus."

Blöderweise fügte ich noch hinzu: „Ich habe sogar mal als Usability-Berater für Bedienoberflächen gearbeitet."

„Jaja, natürlich haben Sie das, aber wie Sie vielleicht bemerkt haben, sind Sie hier nicht der Einzige, der eine Fahrkarte braucht und das dauert jetzt schon eine Weile. Liegt nicht an Ihnen, der Automat macht es einem wirklich nicht leicht, wenn man mit dem zum ersten Mal zu tun hat."

Jetzt stupste der Hund der alten Dame ihn am Bein. Er ignorierte das, sah mich freundlich an und fragte noch mal: „Also wohin?"

Ich sagte es.

Jetzt stupsten ihn zwei der Hunde.

„Sag mal Oma, dir ist schon klar, was das für Viecher sind?", fragte er.

Die Frau sagte nichts.

„Das sind Bullterrier, Kampfhunde." Bullterrier also, keine Pitbulls, dachte ich, aber mit den Kampfhunden hatte ich richtiggelegen.

„Ist dir klar, dass das Kampfhunde sind?", fragte er jetzt lauter und mit Nachdruck.

Die alte Dame nahm nun ihre Brille ab, sah ihn an und sagte dann mit hoher dünner Stimme: „Du Rotzlöffel" und setzte ihre Brille wieder auf.

Inzwischen war auch der Dickliche an den Automaten getreten und sagte noch einmal: „Ich hau dir eine rein." Mach es endlich, dachte ich.

Die beiden Mädchen standen noch an der Bank und sahen jetzt zu uns, beide sahen ganz gut aus. Sie überlegten wahrscheinlich, ob sie schlichten oder die Dinge ihren Gang gehen lassen sollten.

Die alte Frau fing jetzt an, die Tiere wieder zu herzen: „So liebe Hunde seid ihr." Das selbstbewusste Auftreten der Frau hatte mich vermuten lassen, dass sie sehr wohl wusste, was das für Hunde waren, jetzt kamen mir aber wieder Zweifel.

Der Dicke fasste den mit der Lederjacke an die Schulter und schob ihn weg. Der stolperte gegen mich, fing sich aber schnell wieder.

Die in der Luft liegende Aggression übertrug sich auf die Hunde, sie wandten sich von Frauchen ab und fingen an zu knurren, und zwar knurrten die nicht die beiden Streithammel an, besonders den mit der Lederjacke, sondern mich.

„Ihr blöden Pitbulls, oder Bullterrier", dachte ich, „ich bin hier nicht das Arschloch, die sind es."

„Können Sie vielleicht die Leine was kürzer nehmen?", fragte ich die Frau höflich. Sie sah mich an, nahm die Brille diesmal nicht ab und sagte: „Aber selbstverständlich", tat aber nichts dergleichen.

Der Zug wurde gerade angesagt, zumindest war das zu vermuten. Die Lautsprecher schepperten so stark, dass nichts zu verstehen war.

Mein Helfer tippte den Zielbahnhof ein.

Jetzt wurde er so heftig geschubst, dass er gegen mich fiel und ich das Gleichgewicht verlor. Ich konnte mich nur durch einen Ausfallschritt nach hinten vor dem Umfallen retten.

Dieses Manöver machte die Hunde noch wütender und sie fauchten mich jetzt an. Vor Schreck sprang ich wieder nach vorn, wo ich fast gegen den Fahrkartenautomaten prallte. Einer der Hunde sprang mir hinterher und haute seine Zähne in mein Bein. Voller Panik ergriff ich die Flucht und lief um den Backsteinbau herum. Die Leinen waren lang genug, dass mir die Hunde noch um die Ecke folgen konnten. Dort mussten sie stehen bleiben und konnten mich nur noch ankläffen.

Ich wartete, dass die Alte endlich ihre Hunde zur Ordnung rief und mir Schadenersatz anbot, oder sich wenigstens entschuldigte. Aber nichts passierte. Irgendwann zogen sich die Hunde zurück. Das Hosenbein war nur leicht beschädigt, ich rollte es nach oben. An meinem Bein war nichts zu sehen, oder doch, die Zähne hatten vier rote Abdrücke hinterlassen. Nachdem ich das Hosenbein wieder heruntergerollt hatte, näherte ich mich vorsichtig dem Rand des Baus, aber sofort kamen die Köter wieder angesprungen. Plötzlich fühlte ich mich, wahrscheinlich durch den Schreck, unwahrscheinlich erschöpft und schlaff, ich musste mich auf den Boden gegen die Wand sinken lassen. Dann hörte ich den Zug einfahren. Ich zwang mich aufzustehen und unternahm einen weiteren Versuch, wieder auf den Bahnsteig zu gelangen. Vorsichtig schlich ich an die Ecke, die Hunde kamen nicht und ich konnte auf den Bahnsteig spähen. Der Bahnsteig war leer und der Zug stand jetzt da. Bevor ich zum Nachdenken kam, setzte der sich langsam in Bewegung. Ich versuchte hinzulaufen, gab aber nach wenigen Schritten auf. Ohne mich in Lebensgefahr zu bringen, konnte ich da nicht mehr aufspringen. Durch eines der Zugfenster sah ich noch, wie die beiden Mädchen und die Alte vor einer Schaffnerin standen und diskutierten, dann zeigte erst eines der Mädchen auf mich, dann zeigten auch das andere Mädchen und die Alte auf mich, alle drei schienen lebhaft auf die Schaffnerin einzureden. Die Schaffnerin nickte.

Dann war das Fenster aus meinem Blickfeld verschwunden, kurz darauf der ganze Zug. Die beiden

Jungen und die drei Hunde hatte ich nicht noch einmal gesehen.

Ich hatte den Bahnhof wieder für mich und es war völlig still. Der nächste Zug würde nicht vor einer Stunde fahren, aber das war mir recht, ich war froh, dass die alle weg waren und ich in Ruhe meine Fahrkarte würde kaufen können. Laut dem Fahrplan, der neben dem Fahrkartenautomaten in einem Schaukausten an der Backsteinwand hing, fuhr ein Zug in einer Stunde und elf Minuten, das war dann der letzte. Unter dem gelben Fahrplan hing ein handgeschriebener Zettel. Dort stand, dass dieser Zug ausfiel.

Ich versuchte, meine Cousine anzurufen. Aber offenbar hatte ich bei meinen Versuchen, die Fahrkarte mit dem Handy zu kaufen, die App nicht richtig beendet, und die hatte den Akku leergefressen, oder der Akku war aus anderen Gründen leer, jedenfalls war er leer. Eine Telefonzelle war weit und breit nicht zu sehen. Ich war mir gar nicht sicher, ob es überhaupt noch Telefonzellen gab.

Aber eigentlich war das auch gut so. Wie hätte ich meiner Cousine überhaupt begründen sollen, dass ich noch eine Nacht in ihrem Haus verbringen musste, ohne mich lächerlich zu machen.

Ich setzte mich auf die Bank vor dem Automaten, dort, wo die vier Azubis ihre Tasche stehen hatten. Zwischen der Bank und dem Fahrkartenautomaten sah ich jetzt einige Tropfen dunkelroter Flüssigkeit auf dem Boden, Blut. Ich kontrollierte noch einmal mein gebissenes Bein, aber da waren wirklich nur die vier roten Flecken, sonst nichts, von mir konnte das Blut nicht sein.

Da man hier auf den Bänken liegen konnte, überlegte ich, ob ich das vielleicht einfach tun sollte. Aber dann stand ich auf, verließ den Bahnhof und betrat die Straße, die im rechten Winkel vom Bahnhof weg in die kleine Stadt führte, um mir eine billige Absteige für die Nacht zu suchen. Die Straße war schnurgerade, rechts und links von niedrigen Häusern gesäumt und genauso menschenleer wie der Bahnhof. Ich ging auf der Straßenseite, die Schatten hatte, und sah mich ab und zu um, ob mir jemand folgte.

Carl August

Meine Kollegin war auf Dienstreise und ich war allein im Büro. Es klopfte. Nachdem ich „Ja bitte“ gesagt hatte, wurde die Tür geöffnet und Marko, der Geschäftsführer, trat ein. Er ermahnte mich nicht, dass wir doch eine „Firmenkultur der offenen Türen“ hätten, und entschuldigte sich auch nicht sarkastisch dafür, dass er mich vermutlich gerade bei hoch vertraulichen Angelegenheiten unterbreche, sondern fragte nur freundlich: „Ich störe doch hoffentlich nicht gerade?“, und schloss die Tür hinter sich.

Die Schmalseiten des Büros nahmen die beiden Schreibtische ein, meiner und der meiner Kollegin Komal. Die Schreibtische waren so aufgestellt, dass wir beide in die Mitte des Zimmers blickten. Auf der einen Längsseite waren drei Fenster, auf der anderen, genau in der Mitte, befand sich die Tür, auf dem Teppichboden zwischen den Schreibtischen herrschte Unordnung. Marko stieg vorsichtig über einen Stapel Bücher, fünf Aktenordner, zwei aufgeklappte alte Laptops und einen Beamer. Er beschwerte sich nicht einmal über die herumliegenden Grafikkarten, die sich so leicht im Teppich verhakten.

Er stand jetzt hinter mir, fragte: „Und, wie läuft’s so?“ und sah mir über die Schulter, auf den Monitor. Marko programmierte nicht mehr selbst, und auch als er es noch getan hatte, war das nie seine Hauptbeschäftigung gewesen. Trotzdem musste er an den zahllosen, panisch in den Code gestreuten Debug-Ausgaben erkennen, dass es überhaupt nicht lief.

Einerseits war das ganz gut, denn ich hatte schon viel zu lange gezögert, ihm zu sagen, dass der Termin für die Präsentation nicht zu halten war, und jetzt klärte sich das endlich von selbst. Andererseits hatte ich mich für den Abend ins Theater verabredet und ich musste nicht nur pünktlich, sondern sogar ein bisschen früher Feierabend machen. Insofern wäre es besser, es klärte sich erst einen Tag später.

Mein Kopf versuchte eine Argumentation dafür zu basteln, dass es einerseits keinen Grund zur Panik und schon gar nicht für Überstunden gebe, jedenfalls nicht heute, dass wir aber andererseits mit Red Tree Inc. einen neuen Präsentationstermin verabreden müssten.

Marko unterbrach meine Gedanken.

„Ich sehe schon, du kriegst es hin", sagte er.

Dann navigierte er noch einmal durch die Dinge auf dem Fußboden, nicht zurück zur Tür, sondern zu Komals Schreibtisch. Er schob von den darauf liegenden Papieren vorsichtig so viel zur Seite, dass er eine freie Fläche hatte, auf die er sich setzen konnte.

Ich verrückte meinen Monitor ein Stück. Wir hatten nun Blickkontakt und ich wartete darauf, dass er erklärte, was er wollte.

„Burkhard, du bist wirklich der Goethe der Science Fiction", sagte er.

In meinen Debug-Ausgaben hatte ich neben „Why, the hell, did this happen?", „If you reach this point you are fucked" und Ähnlichem auch eine Ausgabe mit dem Text „Ich weiß nicht, was soll es bedeuten", und möglicherweise machte er darauf eine sarkastische Anspielung. Die Zeile war zwar von Heine, aber das wusste er vielleicht nicht, oder es war ihm egal.

Er sagte aber: „Ich meine das im Ernst. Ich habe deinen Roman jetzt wiedergelesen, und ich war genauso begeistert wie beim ersten Mal."

Ich hatte tatsächlich mal einen Roman, einen utopischen Roman, bei Book on Demand veröffentlicht. Davon hatte ich aber nur 17 Exemplare verkauft, und jeden der Käufer kannte ich persönlich. Marko war nicht dabei.

Hier in der Firma machte ich von meinem Science-Fiction-Hobby kein großes Aufheben, wahrscheinlich war Marko der Einzige, der davon wusste. Und er wusste es nur, weil wir beide im selben Online-Forum für Science-Fiction-Autoren Mitglieder gewesen waren. Darüber hatten wir uns überhaupt erst kennengelernt, und dadurch bin ich in seine Firma gekommen.

In dem Forum waren wir uns aber nicht über einen meiner Romane nähergekommen - ich hatte neben dem bei BoD veröffentlichten noch einen unveröffentlichten in der Schublade liegen -, sondern über einen Text Markos. Im Gegensatz zu mir hatte er keine zwei Romane, sondern nur eine Erzählung geschrieben, und selbst die hatte er nicht zu Ende bekommen. Trotzdem war er damit erfolgreicher als ich mit meinen Romanen, zumindest finanziell.

In dieser Erzählung bzw. dem Erzählungsentwurf ging es um Gedankenlesen, und da vor allen Dingen um dessen technische Umsetzung. Die Grundlage der Gedankenlesetechnik in der Welt seines Textentwurfs war die Tatsache, dass Leute, die sich schon sehr lange und sehr gut kennen, wie z. B. alte Ehepaare, in der Regel ziemlich genau vorhersagen können, was der oder die andere in bestimmten Situationen tun werden, was sie anstreben, ja denken. Im Prinzip sind sie bis zu einem gewissen Maß in der Lage, die Gedanken des bzw. der jeweils anderen tatsächlich zu lesen.

In Markos Entwurf lässt ein Herrscher sein gesamtes Volk elektronisch überwachen und zeichnet sämtliche Situationen und das entsprechend erfolgte Reagieren seiner Untertanen auf. Dazu lässt er deren Wohnungen verwanzen und installiert außerdem auf ihre Telefone einen Reichstrojaner. Das wird alles in einem riesigen Rechenzentrum erfasst und verarbeitet, und wenn die Behörden des Herrschers nun wissen wollen, was Bürgerin Müller oder Bürger Schmidt in einer ganz bestimmten Situation denkt und tun wird, dann kann das das System vorhersagen, weil es schon eine große Anzahl von Personen, die genauso ticken wie Müller bzw. Schmidt, in ähnlichen Situationen erfasst hat und auch erfasst hat, wie die sich in diesen Situationen verhalten haben. Was Personen sind, die „genauso ticken" wie die Person, von der die Behörden wissen wollen, was sie denkt und zu tun gedenkt, und was „ähnliche Situationen" sind, hat das System via Deep Learning berechnet.

Diese Erzählung stellte er vor, und viel länger als diese Zusammenfassung war die auch nicht. Großes Interesse weckte Marko im Forum damit nicht, der Text war einfach zu kurz und vor allen Dingen zu unfertig. Mich selbst faszinierte die Idee jedoch, ich hatte aber einen Einwand, der, wie ich glaubte, das ganze Konstrukt zum Einstürzen bringen würde.

Wenn gegenseitiges gutes Kennen wirklich zu so einer Art Gedankenlesenkönnen führen sollte, wie kann es dann sein, dass die Leute so oft völlig blind für die heimlichen Seitensprünge ihrer Ehepartner sind?

Marko schien sich aus dem Forum verabschiedet zu haben, er beantwortete weder meine Frage noch postete er sonst etwas, und sowohl der kurze Entwurf als auch Marko selbst wurden schnell wieder vergessen.

Aber nach zweieinhalb Wochen schrieb er dann doch wieder ins Forum: „@Burkhard: Meine Geschichte ist ja noch nicht zu Ende, und du weißt noch nicht, wie es weitergeht." Eine Gemeinsamkeit von uns beiden war, dass wir uns, anders als alle anderen, nicht mit albernen Nicks wie „Darth Vadder4" oder so etwas, sondern mit unseren realen Vornamen registriert hatten.

Ich dachte, er würde jetzt verraten, wie es weiterginge, aber erst einmal tauchte er wieder ab.

Nach drei weiteren Wochen lieferte er die versprochene Fortsetzung doch noch, eigentlich keine richtige Fortsetzung, aber er ging auf meinen Einwand ein und entkräftete ihn, und zwar so, dass ich darauf eigentlich hätte von selbst kommen müssen. Auch er selbst hätte das von Anfang an berücksichtigen können und müssen. Marko schrieb, jeder erfasse und durchschaue ganz genau die Seitensprünge seines

Ehepartners bzw. seiner Partnerin, bzw. würde sie durchschauen, wenn er nicht aktiv die Augen davor verschließen würde, sie also verdränge. Sein Deep-Learning-System würde aber keine Augen verschließen, würde nichts verdrängen, hauptsächlich diese Unbestechlichkeit unterscheide eine künstliche von einer natürlichen Intelligenz.

„@Marko. Das leuchtet ein“, antwortete ich. Außer mir reagierte niemand, und eigentlich hielt sich auch mein Interesse in Grenzen, ich dachte bald nicht mehr daran.

Nach noch einmal drei Wochen schickte er mir über das Forensystem eine private Nachricht.

„Hallo Burkhard,

danke für dein Feedback. Ich fand auch deine Texte gut. Außerdem habe ich in deinem Profil gesehen, dass wir in derselben Stadt leben. Wollen wir uns mal treffen?“

Viel Lust hatte ich nicht, sagte dann aber doch zu. Marko schlug einen Pub im Stadtzentrum vor, der nicht allzu laut sei, wir könnten uns dort in Ruhe unterhalten. Wir verabredeten uns für einen Abend. Für das gegenseitige Erkennen schlug Marko vor, dass jeder seine Texte vor sich auf den Tisch legen solle.

Ich kam fünf Minuten zu früh in der trotz der zentralen Lage nur mäßig besuchten Gaststätte an. Vom Eingang ging es in den Gastraum einige Stufen hinunter, so dass man von dort einen guten Überblick hatte. Das Einzige, was der eine oder andere vor sich liegen hatte, war ein Smartphone. Ich suchte mir einen freien Zweiertisch, legte den dicken Hefter mit dem Manuskript des unveröffentlichten Romans vor mich, darauf das veröffentlichte Buch, bestellte ein kleines Pils und wartete.

Marko kam auf die Minute zur verabredeten Zeit. Er zeigte auf die Papiere und das Buch, sah mich an und sagte: „Burkhard, nehme ich an."

Er trug eine Jeans, ein blaues Hemd, darüber ein Jackett. Marko war ein großer, dunkelhaariger Typ mit Dreitagebart, gutaussehend, er sah fast wie ein Schauspieler oder ein männliches Model aus, oder vielleicht doch eher wie eine Mischung aus Model und Vertreter. Jedenfalls wirkte er nicht wie ein Science-Fiction-Nerd. Auch ich wirke nicht wie ein Science-Fiction-Nerd, denke ich, aber Marko wirkte sehr deutlich noch weniger so. Auch er hatte einen Hefter, den er vor sich legte und der zwar dünner war als meiner mit dem unveröffentlichten Roman, aber zu dick, um nur das zu enthalten, was er im Forum vorgestellt hatte. Die Kellnerin kam und er bestellte ein großes Kilkenny.

Er sagte: „Immer ein bisschen komisch, wenn man sich online gut kennt und dann das erste Mal real live sieht."

Ich wusste zwar, was er meinte, aber da er in dem Forum kaum in Erscheinung getreten war, hatte ich mir auch kein Bild von ihm gemacht, und so war das für mich nichts anderes als eine normale Begegnung mit einem Fremden.

Ich antwortete: „Klar, manchmal ist das schon so."

Die Musik in dem Pub dudelte in mittlerer Lautstärke vor sich hin und die Kundschaft bestand größtenteils aus älteren Touristen, man konnte sich tatsächlich ungestört miteinander unterhalten.

Marko nahm das Buch: „Was drinsteht, weiß ich ja aus dem Forum, aber als Buch habe ich es noch nicht gesehen."

Ich hatte im Forum sicher erwähnt, dass es schon einen veröffentlichten Roman von mir gibt, und vielleicht auch in ein oder zwei Sätzen, worum es ging, aber mehr nicht.

Er blätterte ein wenig darin, dann sagte er: „Geil" und legte es auf seine eigenen Papiere, dann nahm er den Hefter mit dem unveröffentlichten Roman, blätterte auch darin, nickte mehrmals deutlich, womit er wahrscheinlich seine Anerkennung für das Gelesene ausdrücken wollte. Zum Schluss legte er erst meinen Hefter wieder auf seinen Platz, dann das Buch. Ich packte beides wieder in meine Umhängetasche.

Ich wollte nun auch seinen Text anschauen und griff danach, aber er hielt seine Hand darauf und sagte: „Später."

Es gab eine kurze Gesprächspause, dann sagte er: „Im wirklichen Leben bin ich Informatiker."

„So ein Zufall, ich auch", sagte ich.

„Weiß ich."

Ich sah ihn erstaunt an.

„Na, das steht in deinem Profil, was du ins Forum gesetzt hast."

Stimmt, ich hatte das irgendwann in mein Profil geschrieben. „Außerdem hast du da noch reingeschrieben, dass dein Job ziemlich langweilig ist. Mein Job war zwar nicht langweilig, der war sogar spannend, aber ich konnte mir trotzdem was noch Spannenderes vorstellen. Kannst du dich noch erinnern, was in meiner Erzählung drinsteht?“

„Klar“, versicherte ich.

„Dann ist dir sicher auch klar, dass das umsetzbar ist.“

Das war mir allerdings nicht klar.

„Irgendwann in der Zukunft bestimmt“, sagte ich.

„Da muss man nicht auf die Zukunft warten. Ich habe dafür schon ein Start-up gegründet.“

„Du hast ein Start-up gegründet, das mit Trojanern Gedanken lesen und die Weltherrschaft erobern will?“

Er lachte: „Ich habe es nicht eins zu eins übernommen.“

Die Client-Software, also der Teil, der auf dem Telefon läuft, sollte natürlich kein Trojaner werden, sondern eine ganz normale App, und die machte nichts heimlich, sondern spielte mit offenen Karten, und es waren selbstverständlich auch keine Wanzen in den Wohnungen der Nutzer vorgesehen, aber die App konnte mit Geräten wie Google Home und Ähnlichem kommunizieren, vielleicht würde man in der Zukunft auch ein eigenes Gadget auf den Markt bringen, aber das war noch nicht sicher. Auch die Kommunikation mit diesen Geräten einerseits und den Servern der Firma andererseits wäre für den Nutzer völlig transparent.

Marko war klar, dass die wenigsten sich so etwas freiwillig installieren würden, aber ausreichend viele würden es eben doch tun, und das würde für den

Erfolg der Firma reichen. Die Client-App, oder genauer, der aufzeichnende Teil der Client-App würde also ständig laufen und praktisch das gesamte Leben des Nutzers mitschneiden, anonymisieren und an den Server in der Cloud oder in einem eigenen Rechenzentrum senden, zu Beginn sicher Cloud, später Rechenzentrum. Dort würden die Aufnahmen aller Nutzer verarbeitet, wie auch in der Erzählung.

Die Client-App hat dann noch einen zweiten Bereich, den vorhersagenden, also Gedanken lesenden Bereich, der läuft nicht immer mit. Man kann ihn ein- und ausstellen und er ist gezielt verwendbar. Dessen Nutzung ist aber nur gestattet, wenn man den ersten Teil der App dauernd aktiviert hat. Und diesen zweiten Teil kann man dann mitlaufen lassen, wenn man es mal braucht, z. B. bei Videositzungen oder auch in ganz normalen Alltagssituationen, wenn Kamera und Mikro mitlaufen. Dieser zweite Teil der App kann dann genau wie in der Erzählung Voraussagen über das Denken und Handeln der Situationsbeteiligten treffen. Natürlich ist die Nutzung der App nur gestattet, wenn alle Beteiligten einverstanden sind. Finanzierung via Werbung und Premiumversion. Bis damit schwarze Zahlen geschrieben werden, über öffentliche Fördermittel und Risikokapital.

„Interessiert?“, fragte Marko.

„An der App? Gibt's die etwa schon?“

„Nein, dabei zu sein, du hast geschrieben, dass dein Job langweilig ist.“

„Ich soll mich an dieser Firma beteiligen?“, fragte ich.

„Nein." Marko erklärte mir, er habe die ganze Vorarbeit geleistet, habe sich die Nächte (und die Tage natürlich auch) für das Konzept und den Businessplan um die Ohren geschlagen, sein Geld reingesteckt, seine Energie. Ich wusste erst nicht, worauf er hinauswollte, dann begriff ich, dass er zu denken schien, ich wolle nichts sehnlicher, als mir einen Anteil an seiner Phantomblase zu erschleichen. Er sagte noch, es sei allein seine Idee.

Hier widersprach ich ihm jetzt aber doch: Die Idee mit den Seitensprüngen, und damit der entscheidende Schritt zur Plausibilität des Ganzen, in dem Rahmen, wie Plausibilität in einem solchen Fall überhaupt möglich ist, das war schon auch ein bisschen von mir.

„Was?", fragte Marko, „du hast eine Frage gestellt, das macht dich jetzt nicht zum Teilhaber der Idee." Er wurde regelrecht erregt, was aber auch daran gelegen haben kann, dass er in der kurzen Zeit schon vier Kilkenny und zwei Whisky getrunken hatte, während ich noch beim zweiten kleinen Pils war.

„Also wenn du mir so kommst, brauchen wir gar nicht erst anzufangen", sagte er.

Ich wollte sowieso nichts mit ihm anfangen, sagte aber nur: „Ist schon okay, war ein Witz", was Marko, der sich genauso schnell abgeregt, wie er sich vorher aufgeregt hatte, kaum noch beachtete.

Er erklärte mir, dass er mich in seinem Start-up anstellen wolle.

„Du kannst doch überhaupt nicht wissen, ob ich die nötigen Skills habe."

„Ich denke, die hast du. Du bist 'n cleverer Bursche, das habe ich im Forum gemerkt, außerdem gibt's natürlich 'ne Probezeit."

Inzwischen ging er mir auf die Nerven.

„Na ja", sagte ich, „mein Job ist vielleicht nicht so richtig spannend, aber direkt langweilig ist er nun auch nicht, ich hab das nur geschrieben, weil man so was in solchen Foren halt so schreibt. Außerdem, wovon würdest du mich überhaupt bezahlen wollen, bis die Kohle aus Werbung, Premiumabos, Risikokapital, öffentlicher Förderung, was weiß ich noch alles, anfängt zu fließen?"

„Fördermittel fließen jetzt schon, ich kann dich fast zwei Jahre bezahlen, ohne dass sonst noch was reinkommen muss."

Ich dachte, er war gerade dabei, eine Erbschaft oder Schenkung für seine Idee zu verjubeln, aber nein, er behauptete, er habe schon Fördermittel und sei auch schon mit zwei Investmentfonds in ernsthaften Verhandlungen.

Mein Blick musste meinen Unglauben preisgegeben haben, denn er lachte wieder und sagte: „Du bist ein ganz schöner Skeptiker, aber warum nicht, Ideen und Innovationen habe ich selbst, und für die Bodenhaftung, da kann ich tatsächlich jemanden brauchen."

Er gab mir die Mappe, die er vor sich liegen hatte, eine Zusammenfassung des Businessplans, wie er erklärte.

Ich blätterte darin, und wenn er jetzt nicht vorsätzlich täuschte und betrog, aber warum sollte er das tun, so wertvoll konnte meine Arbeitskraft nun auch wieder nicht sein, dann gab es tatsächlich schon Förderungen, zwei von der EU und zwei vom Bund. Und zu den zwei Fonds, mit denen er verhandelte, gehörten konkrete Namen und Zahlen.

„Ich verlasse mich natürlich darauf, dass das unter uns bleibt, das ist vertraulich. Du brauchst dir das nicht sofort zu überlegen, aber ich zahle auf jeden Fall mehr, als du jetzt kriegst, und der Job ist nicht nur nicht langweilig, der ist spannend. Wir mischen die Welt auf."

Also doch ein Laden, der mit Gedankenlesen die Weltherrschaft erobern will, dachte ich.

Er fragte mich noch, ob ich vielleicht Freunde oder Bekannte habe, die programmieren können. Dann packte auch er seine Unterlagen ein und fragte: „Und sonst so, was macht das Leben allgemein?"

Das eigentliche Thema war offenbar abgeschlossen, und nun begann der Smalltalk. Wir tauschten uns über unsere Freundinnen aus. Marko war zwar schon verheiratet, aber mehrere Freundinnen hatte er außerdem. Er sprach ausführlich und mit sichtlichem Vergnügen über seine Affären.

„Damit ist ja dann Schluss, wenn deine App fertig ist", sagte ich.

Marko verstand erst nicht, dann lachte er und sagte: „Nein, nein, kein Problem, meine Frau und ich, wir gehen damit völlig offen um, völlig transparent."

Ich hatte nur eine Freundin, und in die war ich noch sehr verliebt, aber ich hatte keine Lust, Marko viel über sie zu erzählen. Also versuchte ich, über meine Hobbys zu sprechen. Zu jener Zeit fuhr ich gemeinsam mit meiner Freundin viel Fahrrad, außerdem hatte ich mich zu einem Karatekurs angemeldet.

Aber Marko unterbrach mich: „Dein Hobby ist doch Science Fiction, dachte ich."

„Nein", sagte ich, „das ist kein Hobby, das ist eine Art Berufung, na ja Berufung klingt jetzt zu hochtrabend, aber nur ein Hobby ist es erst recht nicht. Es ist schon deshalb kein Hobby, weil das Schreiben dieser utopischen Romane nicht entspannend ist, es ist anstrengend, fast eine Qual." Ich wollte noch erzählen, wie mir bei meiner hartnäckigen Erfolglosigkeit der Enthusiasmus immer mehr abhandenkam, dass ich immer weniger und immer seltener schrieb, aber Marko war inzwischen schon zu betrunken, um mir noch zu folgen.

Er unterbrach mich: „Ich habe gar keine Hobbys, überhaupt keine Zeit für so was." Dann sprach er wieder über seine Frauengeschichten. Irgendwann war er so blau, dass er auch das nicht mehr konnte, und auch ich war inzwischen angetrunken. Wir tauschten die Telefonnummern und beendeten den Abend, ich versprach, mich bei ihm zu melden, hatte aber die Absicht, das auf gar keinen Fall zu tun.

Das musste ich auch nicht, denn Marko meldete sich bei mir und wir blieben in Kontakt.

Wir trafen uns noch dreimal in diesem Pub, und jedes Mal betrank er sich wieder und redete viel und versuchte, mich zu überreden, für ihn zu arbeiten. Und ohne, dass ich so richtig wusste, wie mir geschah, kündigte ich zwei Tage nach der dritten Begegnung während eines Streits mit meinem damaligen Chef den Job und begann dann für Marko zu arbeiten. Ich verdiente bei ihm tatsächlich mehr als vorher, da hatte er Wort gehalten.

Zu Beginn war ich der einzige Angestellte und wir saßen zu zweit in einem Büro. Marko schrieb Konzepte und Finanzierungspläne und telefonierte, ich setzte die Konzepte in Demoprogramme um. Zu meiner eigenen Verwunderung waren wir erfolgreich, die Investoren standen vielleicht nicht Schlange, wie Marko vorhergesagt hatte, aber es war immer ausreichend Geld vorhanden. Die Firma stellte weitere Programmierer ein, zog in immer größere Büros, und ich verlor bald meine Privilegien und mein Prestige als Angestellter Nummer eins. Ich leitete auch kein Team oder auch nur Projekt, ich war inzwischen ein Programmierer von vielen. Selbstverständlich teilte ich mir kein Büro mehr mit Marko, und dass er sich direkt mit mir unterhielt, passierte nur noch, wenn es wirklich wichtig war.

Und jetzt war er extra zu mir gekommen, um mich den „Goethe der Science Fiction" zu nennen. Das mit „Goethe" war nicht außergewöhnlich, denn wenn Marko lobte, war das oft etwas peinlich. Aber dass er diesen alten Science-Fiction-Kram wieder nach oben holte, verwirrte mich, bzw. versetzte mich in eine gewisse Erwartungshaltung.

Vielleicht hatte er meinen Roman doch gelesen und wollte mir jetzt damit zum Erfolg verhelfen, vielleicht, um seinem Ruf als Innovator und cleverer Macher noch den als Mäzen hinzuzufügen. Goethe hatte ja auch das Prestige von Herzog Carl August und seinem Zwergstaat angehoben. Ich sah Marko an und wartete, dass er erklärte, worauf er hinauswollte, aber der war jetzt in Gedanken versunken, dann sagte er noch einmal: „Ja, du bist Goethe."

„Und du bist dann Carl August?"

„Carl wer?", fragte er zurück.

„Carl August, Goethes Herzog."

„Herzog? Schön wärs. Als kleiner Start-up-Boss bin ich bestimmt kein Herzog, du willst mir doch jetzt hoffentlich nicht sagen, dass ich mich so aufführe?" Manchmal schon, hätte ich sagen können, hielt aber lieber den Mund. Marko bekam auch nur halbernst gemeinte Bemerkungen oft in den falschen Hals, selbst wenn er gute Laune hatte.

Er erwartete auch keine Antwort, sondern fuhr fort: „Nein, nein, wenn du mich schon vergleichen willst, dann bin ich Schiller, also ich will mich jetzt nicht mit Schiller vergleichen, ich meine damit nur die Schreibpartnerschaft mit Goethe. Die haben sich doch auch ihre Texte ausgetauscht, Goethe und Schiller, und darüber diskutiert, oder? Und Schiller, war der nicht auch so was wie Goethes Chef?"

„Nein, war er nicht, Carl August war Goethes Chef."

„Ist auch egal, mir geht es um die Schreibpartnerschaft."

Ich wollte mir hier in der Firma meinen Lebensunterhalt verdienen und ganz bestimmt keine Schreibpartnerschaften eingehen, das eine wollte ich von dem anderen sauber trennen. Dazu kam, dass ich kaum noch schrieb, um genau zu sein, gar nicht mehr, mein Schreiben bestand schon seit Längerem nur noch aus dem Vorhaben, endlich wieder damit anzufangen.

Marko wurde konkreter: „Ich habe eine neue Idee, und diesmal will ich dich auch beteiligen."

Ich dachte jetzt, Marko wolle eine weitere Firma gründen und mich daran beteiligen, seine erste Firma, also die, in der ich jetzt arbeitete und gerade saß, war für ihn ja auch so etwas wie die Fortsetzung seines Schreibens.

Er sagte aber: „Zweite Firma? Nein, oder doch, warum nicht, später vielleicht, aber jetzt geht es erst mal um eine Schreibpartnerschaft. Die Idee ist folgende."

Marko beschrieb jetzt seine Idee. Eine Gruppe von Leuten will den Mars besiedeln, sie treiben das nötige Geld auf, treffen die nötigen Vorbereitungen und tun das.

Das soll die Idee sein?, fragte ich mich. Leute besiedeln den Mars? Das gab es bereits in Tausenden, wenn nicht Millionen Science-Fiction-Geschichten. Ich machte ihn vorsichtig darauf aufmerksam.

„Stimmt, du bist ja der Skeptiker vom Dienst. Gedankenlesen gibt es auch schon tausendmal, und du siehst, es hat trotzdem eingeschlagen."

„Ja, da war aber auch mehr dahinter als einfach nur Gedankenlesen."

„Trotzdem hast du auch da gedacht, das wird nichts, und du siehst, wo wir heute sind. Außerdem will ich, wie gesagt, keine weitere Firma gründen, sondern ich will nur, dass wir zwei darüber einen Roman schreiben, oder wenn es für einen Roman nicht reicht, eine Novelle. Vielleicht können wir das dann noch verfilmen, dafür können wir dann auch eine Produktionsfirma gründen, oder wir gründen später doch noch ein Start-up zur Marsbesiedlung, aber jetzt soll es erst mal nur ein Buch werden."

Da ich nichts sagte, fuhr er fort: „Ich habe die Idee geliefert, jetzt bist du dran, du arbeitest es aus und dann bin ich wieder dran und mache den Feinschliff. Wir haben auch schon ein Angebot von einem Verlag, also nicht Book on Demand oder so was, sondern von einem richtigen Verlag." Er nannte mir einen Verlag, der mir nichts sagte. „Wenn das in vier Wochen fertig ist, kann das dieses Jahr noch erscheinen."

Ich fragte nicht, ob in diesen vier Wochen schon die Zeit für Markos „Feinschliff" enthalten war. Denn, selbst wenn ich an seinem Vorschlag interessiert gewesen wäre, in vier Wochen schaffte ich das so oder so nicht, auch nicht, wenn es nur eine „Novelle" werden würde. Selbst in den Zeiten, als ich noch regelmäßig utopische Romane und Erzählungen schrieb und mir das Schreiben gut von der Hand ging, hätte ich das nicht geschafft.

„So schnell kann ich das ohnehin nicht", sagte ich nur.

„Wie viel Zeit brauchst du denn?"

„Ich weiß es nicht."

„Sag einfach eine Tageszahl."

„Ich weiß es wirklich nicht."

Marko überlegte kurz und fragte dann: „Was ist eigentlich mit deinem anderen Roman? Hast du den inzwischen veröffentlicht?"

Den hatte ich noch nicht veröffentlicht, aber der war viel besser als der veröffentlichte, und ich hoffte, ihn noch herauszubringen, bei einem richtigen Verlag und nicht nur bei BoD.

Marko sagte: „Wenn das mit der Veröffentlichung bis jetzt nicht geklappt hat, wird das auch nichts mehr. Schreib den Roman so um, dass das mit der Marsbesiedlung mit dabei ist, das sollte in vier Wochen zu machen sein und das kriegen wir dann auch veröffentlicht, das verspreche ich dir."

Das wäre sogar möglich, der Roman könnte genauso gut auf dem Mars spielen, ohne dass ich dafür viel umschreiben müsste. Trotzdem kam das natürlich überhaupt nicht in Frage.

„Wieso willst du jetzt auf einmal ein Buch?", fragte ich ihn.

„Ich habe die Firma, ich habe meine Familie, und das füllt mich auch aus, aber trotzdem habe ich jetzt einfach mal wieder Lust auf was anderes, ich habe ja auch schon mal geschrieben, weißt du ja. Und jetzt kam auch noch das Veröffentlichungsangebot, aber mir fehlt einfach die Zeit, meine Idee allein ordentlich auszuarbeiten, deshalb jetzt dieses Angebot an dich."

Seit die Firma eine gewisse Größe hatte, war er schnell gereizt, und sich mit Widerspruch auseinanderzusetzen, betrachtete er als Zeitverschwendung, aber jetzt blieb er die Ruhe und gute Laune in Person.

„Deine Entscheidung, ich will dich nicht unter Druck setzen", sagte er, „aber es ist deine Chance, deinen Roman doch noch an den Mann zu bringen, vielleicht nicht eins zu eins, wie du es vorhattest, aber vielleicht sogar besser, und vielleicht steht sogar dein Name mit auf dem Einband."

Die Möglichkeit, mein Name könnte nicht mit auf dem Einband stehen, hatte ich bisher nicht in Erwägung gezogen.

„Mir ist natürlich klar, dass du ausreichend Stress mit der Präsentation hast."

Marko verließ Komals Schreibtisch, navigierte den Teppich ein drittes Mal und stand nun wieder hinter mir. „Lass mal laufen. Ich meine das Programm."

Ich startete das Programm und es brach sofort ab mit der Fehlermeldung: „Das hat wohl nicht funktioniert."

Er lachte. „Ich sehe schon, da gibt es noch einige Herausforderungen."

Er überlegte, ob er vielleicht Komal aus ihrem aktuellen Projekt abziehen sollte, so dass sie erst mal hier mit einsteigen könnte. Begeistert wäre sie davon sicher nicht, aber es würde einigen Druck aus der Sache nehmen.

Er dachte weiter nach: „Morgen habe ich einen Termin bei Red Tree, vielleicht lässt sich sogar der Vorführtermin verschieben, das wäre das Einfachste."

Marko war so enthusiastisch, dass es mir fast schon leidtat, ihn enttäuschen zu müssen. Dazu kam, dass er ein wenig recht hatte. Unter normalen Umständen würde ich diesen utopischen Roman nicht mehr veröffentlichen. Ich hatte mich seit Langem nicht mehr darum gekümmert, und realistisch gesehen würde ich das auch nicht mehr tun. Und so war es nicht nur mit diesem einen Roman, so war es mit meinem gesamten Schreiben: Ich würde mir noch einige Zeit lang vornehmen, wieder damit anzufangen, würde es aber nicht tun, und irgendwann würde ich es mir nicht einmal mehr vornehmen, und irgendwann, noch später, würde ich mir auch eingestehen, dass es nichts mehr würde, dass ich mit meinen wissenschaftlichen Utopien am Ende war. Und insofern war Markos Vorschlag nicht nur eine Zumutung, sondern tatsächlich auch eine Chance, und natürlich würde mein Name auf dem Einband stehen und es würde auch keinen „Feinschliff" durch Marko geben. Es wäre ein Neuanfang, und wenn es als Neuanfang nicht funktionieren würde, dann wäre es wenigstens ein endgültiger Abschluss.

Es saß da und schaute mir beim Teetrinken und Lesen zu. Da ich mich nicht auf das Buch konzentrieren konnte, schaute ich zurück. Das Tier ließ sich dadurch nicht vertreiben, blinzelte nicht einmal. Murmeltiere sollen sehr scheu sein, das hier war es nicht, ich hoffte, es sei nicht krank. Vielleicht wollte es mir etwas mitteilen oder die Einsamkeit vertreiben. Dabei war ich überhaupt nicht einsam. Ich war allein, ja, darüber war ich aber sehr froh. Das hatte ich so nicht geplant und nicht gewollt, aber jetzt war ich darüber sehr froh.

Probleme hatten sich schon zu Beginn der Wanderung angedeutet. Frank und ich hatten in der dünnen Höhenluft fast keine der üblichen Anpassungsprobleme, keine Kopfschmerzen, keine Alpträume, keine Halluzinationen. Aber bei mir ging die Kondition erst einmal in den Keller, und bei Frank führten die Akklimatisationsprobleme dazu, dass er ständig gereizt war.

Er warf mir vor, zu langsam zu sein, und sagte, das liege nicht an der Höhe, sondern daran, dass ich keine Wanderstöcke mitgenommen hätte. Frank wanderte mit Stöcken. Ich kam mit den Dingern nicht zurecht und hatte sie gleich zu Hause gelassen. Frank hatte während der Reisevorbereitung noch gefragt, ob ich sicher sei, dass ich die nicht mitnehmen wolle. Ich sagte, ich sei sicher, und die Sache war erledigt, oder schien zumindest erledigt zu sein. Denn jetzt sollte das die Ursache dafür sein, dass ich angeblich zu langsam war. Ich sagte ihm: „Erstens liegt das nicht an den Stöcken, zweitens sind wir immer noch schnell genug, und außerdem werde ich mich bald an die Höhe gewöhnt haben." Die Leute in den Dörfern waren über Franks Stöcke meist sichtlich amüsiert. Die Kinder ahmten die entsprechenden Armbewegungen nach und lachten, die Erwachsenen lachten nur. Ich musste meist auch lachen, was er aber nicht mitbekam, da er immer ein Stück vor mir war.

Nach drei Tagen hatten wir uns beide an die Höhe gewöhnt, wir waren jetzt wieder gleich schnell, aber Frank war immer noch oft gereizt, und ich inzwischen auch. Da wir uns in allen wesentlichen Punkten einig waren, stritten wir uns über unwesentliche. Wir stritten leidenschaftlich über politische Themen, die uns eigentlich beiden egal waren, darüber, ob wir die Nudeln am Abend lieber al dente oder weich kochen sollten, und ähnliche Fragen. Besonders die Frage der Kochdauer von Nudeln wurde mit immer größerer Leidenschaft diskutiert, vor allem seit der Reis aufgebraucht war und sich Versuche, zuerst nur einen Teil der Nudeln (für mich) aus dem Topf zu holen und den Rest weiterzukochen, als nicht praktikabel erwiesen hatten. Außerdem siedet Wasser in der Höhe, in der wir mcist übernachteten, schon bei 85 Grad, und das verlängert die Kochzeiten stärker als man vielleicht denkt. Es dauerte so lange, dass auch Frank meist vorzeitig die Geduld verlor, schließlich waren wir am Abend hungrig, und so aßen wir in der Regel beide nicht völlig weichgekochte Nudeln, was mir ganz recht war, und Frank – vor allen Dingen, weil es mir ganz recht war – immer mehr auf die Palme brachte.

Gestern nun sagte Frank: „Heute Abend kochen wir aber mal ordentlich, und das dauert dann eben so lange wie es halt dauert." Und als ich dann antwortete: „Dann lass uns mal beizeiten anfangen, am besten jetzt schon einen Zeltplatz suchen", sagte Frank: „Mir reicht es, ich gehe allein weiter."

Ich antwortete: „Würde ich auch machen, wenn ich das Zelt hätte."

Er blieb abrupt stehen, setzte seinen Rucksack ab, zog das Zelt heraus, warf es mir vor die Füße und ging weiter, ohne noch ein Wort zu sagen. Ich hätte einfach mitgehen sollen, nach einigen Minuten wären wir umgekehrt, hätten das Zelt geholt und alles wäre normal weitergegangen.

Aber ich war erst überrascht, dann überlegte ich zu lange, und schließlich nahm ich das Zelt und versuchte, es in meinen Rucksack zu packen. Aber ich bekam dieses sperrige Ding mit dem Gestänge im Zeltsack nicht in meinen sorgfältig gepackten Rucksack hinein. Schließlich nahm ich es unter den Arm. Frank hatte inzwischen einigen Abstand aufgebaut und ging zügig weiter. Ich wollte ihm nicht hinterherlaufen und ging in die Gegenrichtung, also in die Richtung, aus der wir gekommen waren.

Das war aber auch Mist, denn irgendwann musste ich ohnehin wieder in die richtige Richtung, also in die, in die Frank gegangen war. Sobald ich an einer kleinen Terrasse angekommen war und ein Stück unter mir Wasser plätschern hörte, beendete ich den

Tag, baute das Zelt auf und wollte erst einmal alles überschlafen. Ich stieg zur Talsohle, um Wasser zu holen, kochte Tee und etwas zu essen und genoss, dass ich nicht diskutieren musste, wie das zu kochen war. Ich aß, las noch ein bisschen, spülte den Topf aus, kroch dann ins Zelt und las dort weiter. Abends wurde es immer sehr schnell kalt. Am nächsten Tag würde ich einfach den geplanten Weg weitergehen und Frank einholen oder auch nicht.

Als ich am Morgen das Zelt öffnete, musste ich die Augen erst einmal schließen, so hell war es. Das ganze Tal war von einer glitzernden weißen Schneedecke bedeckt. Dass die Temperatur trotz der Hitze am Tag nachts unter den Gefrierpunkt sank, war normal, aber geschneit hatte es bisher nie. Der Schnee war der erste Niederschlag während des ganzen Urlaubs. Ich fragte mich, wie Frank die Nacht ohne Zelt verbracht haben wird. Aber es kann eigentlich keine ernsthaften Probleme gegeben haben. Sein Schlafsack war wie mein eigener dick und gut isoliert, und außerdem: Selbst schuld.

Ich frühstückte und machte mich auf den Weg, diesmal wieder in die richtige Richtung. Den Rucksack hatte ich jetzt so gepackt, dass das Zelt mit hinein passte. Der Schnee hatte den Weg schlüpfrig gemacht, und ich musste sehr vorsichtig gehen. Nach nicht einmal zehn Minuten rutschte ich trotzdem aus und schlitterte den Hang hinunter. Der Hang war an der Stelle nicht steil, und ich kam nach verhältnismäßiger kurzer Abfahrt zum Stoppen. Das hatte mir sicher ein oder zwei blaue Flecken eingebracht, ich wollte das am Abend überprüfen, aber sonst war nichts passiert. Ich arbeitete mich zurück auf den Pfad und ging mit doppelter Vorsicht weiter. Bald war ich über die Stelle, an der wir uns getrennt hatten, hinaus. Der Pfad war noch genauso rutschig und der Hang unterhalb des Pfades jetzt so steil, dass ich auf gar keinen Fall wegrutschen durfte. Jetzt beneidete ich Frank zum ersten Mal um die Wanderstöcke. Ich entschloss mich, erst einmal nicht weiterzugehen. Der Himmel war klar, und sobald die Sonne weit genug gewandert wäre, dass sie den Hang beschien, wäre der Schnee innerhalb von Minuten verschwunden. Ich setzte also den Rucksack ab und wartete auf die Sonne. Aber die kam nicht, stattdessen zogen wieder Wolken auf und der Schnee blieb liegen. Vorsichtig ging ich zurück zu meinem Zeltplatz von vergangener Nacht, um dort noch eine weitere Nacht abzuwarten. Ich fragte mich, was sein würde, wenn das Wetter jetzt so bliebe, ich hier einschneien würde, fernab von jedem Handynetz. Aber so weit war es noch nicht. Das bisher hervorragende Wetter war einfach mal einen Tag nicht so toll, und ich musste eben diesen einen Tag abwarten. Die Wasserstelle war auch jetzt, wo alles verschneit war, noch gut erreichbar. Während ich meinen Tee kochte, wurde mir auch bewusst, dass ich nun Kocher UND Zelt hatte. Als Frank mir das Zelt vor die Füße geworfen hatte, hätte ich ihm fairerweise wenigstens den Kocher vor die Füße werfen können, aber daran hätte er selbst denken müssen, schließlich hatte er, wie schon gesagt, mit dem ganzen Quatsch angefangen.

Ich legte eine Plastiktüte und eine zusammengelegte Jacke auf einen großen Stein, hing mir den Schlafsack um die Schultern und machte es mir mit meinem Buch und dem Tee gemütlich.

Und nun tauschte ich Blicke mit diesem hoffentlich doch nicht kranken Murmeltier aus.

Das Murmeltier sah mich immer noch an, oder eigentlich nicht mehr, es wirkte völlig starr, kaum noch lebendig, eher wie eine Statue als ein Lebewesen. Dann bildete sich ein Riss, der der Länge nach durch das Tier ging, oder sollte ich lieber „durch das Gebilde" sagen? Der Riss wurde rasch weiter, bis das Murmeltier aus zwei getrennten Hälften bestand, die jetzt genau das Stück Landschaft einrahmten, was man im Talausgang sah. An die Höhe hatte ich mich schon vor Tagen völlig gewöhnt. Daran konnte es nicht liegen. Ich rieb mir trotzdem etwas Schnee in die Stirn und starrte weiter gebannt auf die Szene.

Jetzt war jede der beiden Hälften zu einem vollständigen Tier angewachsen, oder um es einfacher zu sagen, es waren jetzt einfach zwei Murmeltiere. Ich war beruhigt, ich war also nur kurz weggetreten und hatte nicht bemerkt, wie sich das zweite Murmeltier zum ersten gesellt hatte. Aber jedes der beiden Tiere war so merkwürdig dünn. Es war zwar an jedem Tier alles vorhanden, je vier Beine, zwei Augen usw., aber sowohl die Körper als auch die Köpfe waren extrem schmal. So, als würden die beiden zumindest vom Gewicht und Volumen her immer noch erst zusammen ein vollständiges Murmeltier ergeben. Die beiden Murmeltiere oder Tiere – ob es immer noch Murmeltiere waren, wer weiß, aber Tiere waren es auf jeden Fall – wandten sich von mir ab und schauten sich nun gegenseitig an. Das rechte klaubte mit seiner rechten Vorderpfote einen perfekt runden kleinen Stein aus dem Schnee und warf ihn in Richtung des linken Tiers. Der Stein blieb fast genau in der Mitte liegen. Nun folgte das linke Tier und tat dasselbe, es nahm ebenfalls einen perfekt runden Stein (ich fragte mich, woher all die runden Steine kamen), zielte auf den Stein, den das rechte Tier geworfen hatte, traf ihn auch und bewegte dadurch den Stein des rechten Tiers ein Stück. Nun war wieder das rechte Tier an der Reihe. Die beiden Tiere spielten Murmeln. Jetzt war klar, dass meine Beobachtungen nicht der Realität, sondern einer Traumlogik folgten. Wie die Wissenschaft gezeigt hatte, folgen Träume einer sprachlich-assoziativen Logik, und in dieser Logik sind murmelnde Murmeltiere natürlich völlig konsequent. Mit anderen Worten: Ich war nun sicher, dass ich halluzinierte.

Ich rieb mir noch mehr Schnee auf die Stirn und schloss kurz die Augen. Als ich sie wieder öffnete, drehten sich die Murmeltiere um, liefen nebeneinander zu einem Felsblock und verschwanden dahinter. Von hinten konnte man noch einmal gut erkennen, wie extrem schmal sie waren. Als sie endgültig weg waren, wartete ich ein, zwei Minuten und stieg dann die wenigen Meter zu der Stelle hinunter, wo sie gemurmelt hatten, bückte mich und holte mehrere Kiesel aus dem Schnee. Perfekte Kugeln waren es nicht, aber viele waren tatsächlich ziemlich rund, von Weitem konnte man sie durchaus für Kugeln halten. Ich bedauerte, nicht fotografiert zu haben, dann wüsste ich jetzt genau, was tatsächlich stattgefunden hatte. Aber auch so war ich, nachdem ich wieder nach oben gestiegen war, in der Lage, meine Beobachtungen einzuordnen. Ich musste drei Tiere gesehen haben, erst ein dickes normales Murmeltier und dann die beiden ungewöhnlich dünnen. Die Spaltung des Tiers musste ich mir eingebildet haben, das war einfach ein Resultat des Stresses durch den gestrigen Streit und den unerwarteten Schnee, und wahrscheinlich hatte ich mich an die Höhe doch noch nicht so gut angepasst, wie ich dachte. Das „Murmeln" dürfte ein Paarungsritual gewesen sein, und dass die beiden Tiere so dünn waren, lag vielleicht daran, dass das gar keine Murmeltiere waren, sondern ich eine neue Tierart entdeckt hatte. Völlig auszuschließen war so etwas nicht. Die Gegend war nicht sehr frequentiert. Die Einheimischen, die diese Tiere wahrscheinlich immer wieder mal sahen, kamen nicht auf die Idee, dass es sich um etwas Außergewöhnliches handelte. Die wenigen Touristen dachten sich nichts dabei, und Biologen waren einfach noch nicht vorbeigekommen. Wenn schon keine neue Tierart, dann hatte ich vielleicht wenigstens ein bisher unbekanntes Paarungsritual entdeckt. Frank hatte vor seinem Ingenieurstudium zwei Jahre lange versucht, Biologie zu studieren, er wusste in solchen Fragen sicher immer noch ein bisschen Bescheid. Vielleicht hatte ihn der Schnee auch festgehalten und er hatte dasselbe gesehen wie ich.

Am nächsten Morgen war der Himmel wieder wolkenlos und blieb es. Ich wartete noch die zwei Stunden, bis die Sonne den Hang erreicht und die Schneedecke fast augenblicklich beseitigt hatte. Die Murmeltiere von gestern oder überhaupt irgendwelche Tiere tauchten diesmal nicht auf. Auf dem jetzt wieder freien und gefahrlos begehbaren Pfad erreichte ich bald den Talabschluss und stieg in Serpentinen zu einem Pass hinauf. Je mehr ich an Höhe gewann, desto weiter wurde die Aussicht ins Tal. Bald war ich hoch genug, um über das Tal hinaus in die weite braungelbe wüstenartige Gebirgslandschaft zu schauen. Man konnte jetzt auch wieder das Dorf sehen, wo Frank und ich noch vor vier Tagen übernachtet hatten. Das Dorf, was mit seinen Feldern und Baumgruppen auf einer kleinen Hochebene selbst so etwas wie eine Landschaft gebildet hatte, war von hier aus nur noch ein winziger grüner Fleck in einem endlosen braungelben, scheinbar leblosen Schluchtenlabyrinth.

Auf dem Pass setzte ich den Rucksack ab und machte es mir für eine längere Pause gemütlich. Die Landschaft auf der anderen Seite des Passes sah im Großen und Ganzen genauso aus wie die auf der Seite, von der ich gekommen war. Allerdings gab es hier nicht einmal einen winzigen grünen Fleck, auch nicht in der Ferne, nur Schluchten, Steinhänge, Felsen, auf den höchsten Gipfeln lag Schnee.

Ich hatte jetzt eine Idee. Ich hatte einen grellroten Biwaksack mit. Den auf die Tour überhaupt mitzunehmen, war Unsinn gewesen, schließlich hatten wir das Zelt, aber da er fast nichts wog, war es auch egal. (Wenigstens daran, Frank diesen Biwaksack zu geben, hätte ich denken sollen.) Ich öffnete an dem Sack alle Reißverschlüsse, die sich öffnen ließen, so dass ich ihn auf ein Maximum an Fläche auseinanderfalten konnte, und hielt ihn in den sanften Wind, der ausreichend war, den sehr leichten Stoff wie eine Flagge weit sichtbar wehen zu lassen.

Von der anderen Seite des Passes arbeitete sich jetzt tatsächlich eine winzige, langsam größer werdende Figur herauf. Ich holte meine Flagge ein, setzte mich neben meinen Rucksack und wartete. Dass es Frank nicht war, wurde schnell klar, und nach einiger Zeit erreichte ein Einheimischer den Pass. Er war zwischen Mitte 30 und Mitte 50 und trug das landestypische Gewand. Dessen Farbe war so verblichen, dass sie nicht mehr erkennbar war. Auf dem Rücken hatte er eine zusammengerollte Schlafmatte, es ging also auch ohne Zelt. Das Auffälligste an ihm war eine riesige Brille mit kreisrunden Gläsern und einem breiten Plastikrahmen. Er setzte sich mir gegenüber und lächelte mich an. Ich grüßte ihn, die Grußformel war neben Danke das Einzige der Sprache, was ich kannte. Er grüßte zurück. Nun wollte ich herausfinden, ob er Frank gesehen hatte. Ich versuchte erst, ihm klarzumachen, dass ich jemanden suchte, der ein ausländischer Tourist war wie ich. Ich zeigte dazu erst auf mich, dann in das Tal, in das ich wollte und in dem Frank jetzt irgendwo sein musste. Der Mann sah mich erst verständnislos an, dann nickte er und lächelte. Ich machte noch einige andere erfolglose gestische Versuche, dann hatte ich endlich die richtige Idee.

Ich stand auf und ahmte mit meinen Armen die Bewegungen des Wanderns mit Stöcken nach. Der Mann lachte auf und zeigte in das Tal. Er folgte meinem suchenden Blick, schüttelte den Kopf und zeigte mit mehr Nachdruck auf einen ganz bestimmten Punkt. Mein Blick folgte seinem Finger zu einer Kerbe in einer entfernten Bergkette, sicher einem weiteren Pass. Der lag wahrscheinlich auf der unverbindlich geplanten Wanderroute, genau wusste ich das nicht, denn die Karte war bei Frank geblieben, das einzige wichtige gemeinsame Gepäckstück, was bei ihm und nicht bei mir geblieben war. In dem Pass leuchtete ein blauer Fleck. Ich musste nicht lange überlegen. So wie ich den Biwaksack ohne Notwendigkeit mitgenommen hatte, schleppte Frank eine großflächige blaue Regenhaut durch diese sehr niederschlagsarme Gegend. Ich bedankte mich bei dem Mann, griff meinen Rucksack und machte mich auf den Weg.

Ins Gebirge

Es ist Freitag Nachmittag. Der Himmel ist strahlend blau, keine einzige Wolke, oder eine doch, aber die ist so klein, dass sie nicht zählt. Seit Dienstag haben wir dieses herrliche Wetter, und das im April. Maria kommt und stellt sich neben mich an das Balkongeländer. „Hast du schon den Wetterbericht gehört?“, fragt sie mich.

„Ja“, sage ich. „Es soll noch mindestens zehn Tage so bleiben.“

„Schön, ich freue mich so auf die Berge.“

Am Wochenende wollen wir ins Gebirge fahren, das erste Mal in diesem Jahr.

Sie fährt fort: „Es wurde auch Zeit, noch ein Wochenende drinnen, oder in irgendeiner Stadt, da wäre ich wahnsinnig geworden.“

„Ja, ich freue mich auch, und mit dem Wetter kann ja nichts mehr schiefgehen, so wolkenlos war es dieses Jahr noch nie.“

„Na ja, nicht ganz wolkenlos“, widerspricht sie.

Ich verstehe sie nicht gleich: „Was? Ach so, na das kleine Wölkchen, das zählt nicht. Das finde ich sogar dekorativ, ein völlig blauer Himmel, der hat so was ..., so was, na ja, Totalitäres.“

„Blauer Himmel – totalitär? So ein Quatsch. Und dass es dieses Jahr noch nie so wolkenlos wie jetzt war, ist auch Quatsch, gestern zum Beispiel, da gab es nicht mal ein dekoratives Wölkchen, vorgestern auch nicht. Ist dir eigentlich aufgefallen, dass die

Wolke in den paar Minuten, die wir hier draußen stehen, größer geworden ist?“

Das finde ich nicht, aber ich möchte ihr jetzt nicht widersprechen. Ich sage gar nichts. Zumal ich das alles ohnehin nicht so verbissen sehe. Natürlich freue ich mich auf die Berge, aber so eine Katastrophe wäre es nun auch wieder nicht, wenn es ins Wasser fiele. Könnten wir schön ausschlafen, dann schön frühstücken, dann würde ich noch ein, zwei Level „Might and Magic“ spielen, dann könnten wir vielleicht zu einem kleinen Bummel in die Großstadt fahren.

Nachdem Maria eine Weile geschwiegen hat, fährt sie fort: „Wieso sagst du nichts? Ich weiß schon warum, dir wäre es am liebsten, wenn es morgen regnet, dann ewig nicht aus dem Bett kommen, das, was vom Vormittag noch übrig ist, mit Rumfressen totschlagen, dann setzt du dich an deinen blöden Computer und ..., ich verstehe nicht, warum du auch am Wochenende so lange pennen musst, kannst du doch jeden Tag.“

Jetzt geht es wieder los, dass ich arbeitslos bin und sie nicht, dabei bekomme ich mehr Geld vom Arbeitsamt als sie Gehalt.

„Und fang bloß nicht wieder damit an, dass du trotzdem mehr Geld nach Hause bringst ...“ Ich trete hinter sie und fasse sie vorsichtig an beide Schultern. Sie ist zum Glück noch nicht so in Rage, dass sie mich wegstößt.

„Aber was ist denn los?“, unterbreche ich sie. „Ich freue mich doch genauso wie du auf den Ausflug. Ich will auch nicht, dass es regnet, dass wir zu Hause bleiben müssen.“

„Und“, sage ich, „die Wolke ist wirklich winzig.“ Sie blickt mit mürrischem Gesicht noch einmal nach oben, die Wolke ist weg, der Himmel strahlt in totalem Blau. Sie dreht sich um und lächelt mich an.

Ich kam in den Raum mit der Katze. Der Raum hatte graue Wände und war völlig kahl. Die Katze saß in der Mitte, sah mich an und sagte: „Wir sind Sternenstaub." Ich klickte im Auswahlmenü nacheinander die Fragen an:

„Was willst du?"

„Kann ich dir helfen?"

„Hast du eine Aufgabe für mich?"

Auf alle drei Fragen antwortete sie nur: „Wir sind Sternenstaub." Ich verließ den Raum, versuchte es woanders. Eigentlich war das sinnlos, denn die anderen Räume hatte ich abgearbeitet. Es musste etwas mit der Katze passieren. Doch was passieren musste, fand ich jetzt nicht mehr heraus. Ich speicherte ab, schaltete den Computer aus und ging schlafen.

Als ich am nächsten Abend nach Hause kam, bot ich der Katze alle Gegenstände an, die ich hatte. Sie wollte keinen. Da es mir langweilig wurde, tat ich etwas, was ich sonst nur selten, eigentlich nie tue. Ich schaute in die Komplettlösung.

Aber in der Komplettlösung kam die Katze nicht vor. Laut Lösung saß in dem Raum ein gewöhnliches Monster, was man einfach totschlagen musste. Dann öffnete sich hinter dem Monster ein weiterer Raum und das Spiel ging weiter. Offensichtlich hatte der Verfasser der Lösung einen anderen Zweig der Handlung gespielt. Aber auch in seinem Zweig musste man durch diesen Raum.

Vielleicht saß bei mir ebenfalls ein Monster, was nur die Gestalt einer Katze angenommen hatte. In dem Spiel sahen die Monster bisher wie Monster aus, glibberig, eklig, mit großen Zähnen. Die Katze aber hatte schwarzes glänzendes Fell und war possierlich, sie schien noch nicht ausgewachsen zu sein, ein Kätzchen. Sie war mit mehr Sorgfalt gezeichnet als alles andere im Spiel, ich konnte im Fell die einzelnen Härchen erkennen und, ob vom Zeichner beabsichtigt oder nicht, ihr Blick wirkte schelmisch.

Nachdem ich den aktuellen Spielstand gesichert hatte, ging ich zum Angriff über. Zuerst warf ich einen Blitz. Die Katze zuckte mit keiner Wimper und sagte: „Wir sind Sternenstaub." Dann probierte ich den Kältekegel, das vergiftete Schwert, die Gasgranaten. Sie nahm mir keinen dieser Angriffe übel, reagierte aber auch sonst nicht, nur dass sie jedes Mal sagte: „Wir sind Sternenstaub. ... Sternenstaub. ... Sternenstaub" und sich nicht von der Stelle rührte.

Am nächsten Tag ging ich zum Zeitungskiosk und suchte nach anderen Komplettlösungen, ich fand zwei weitere. Es gab in dem Spiel tatsächlich mehrere mögliche Handlungszweige, und eine dieser beiden Lösungen behauptete sogar, alle Zweige zu präsentieren. Aber alle Zweige führten durch diesen Raum, und bei allen Zweigen saß dort ein gewöhnliches Monster, was man erschlagen konnte. Eine Katze kam in dem ganzen Spiel nicht vor und niemand sagte: „Wir sind Sternenstaub." Ich rief bei der Hotline der Firma an, die das Spiel programmiert hatte. Das war zwar teuer, aber ehe ich mich ewig mit dieser blöden Katze quälte, zahlte ich lieber die paar Mark. „Es gibt im Spiel keine Katze“, sagte der Experte an der Hotline, das hatte ich befürchtet. „Und weshalb sind wir Sternenstaub?“, fragte ich weiter. Als er meinte, das wisse er nicht, sagte ich gereizt, es sei aber seine Aufgabe, das zu wissen, schließlich zahlte ich dafür, dass meine Fragen beantwortet werden. Er blieb freundlich und sagte: „Es gibt in dem Spiel weder Katzen noch Sternenstaub. Vielleicht haben Sie eine fehlerhafte Version, sicher ist es so. Sie geben mir Ihre Anschrift und die Registriernummer Ihres Spieles und wir schicken Ihnen heute noch eine neue CD, wenn Sie Glück haben, haben Sie sie morgen.“

Ich glaubte ihm nicht, ein Fehler vernichtete vielleicht die gespeicherten Spielstände, machte die Monster unbesiegbar, den Computer schwachsinnig, doch ein Fehler brachte kein fotografisch genaues Kätzchen mit tiefsinnigen Sprüchen ins Spiel. Vielleicht wusste er über sein eigenes Programm nicht Bescheid. Ich versuchte wieder alle Fragen, alle Waffen, durchsuchte alle Räume, ohne Erfolg. Weit nach Mitternacht ging ich ins Bett, wachte nach einer Stunde unruhigen Schlafes wieder auf, setzte mich an meinen Computer und probierte noch einmal alles, bis ich zur Arbeit musste. Zum Glück war dieser Tag ruhig und niemand bemerkte, dass ich zwei Stunden auf der Toilette schlief.

Als ich nach Hause kam, war die Ersatz-CD tatsächlich da. Entgegen meiner Absichten legte ich mich nicht erst schlafen, sondern installierte sofort, vorher hatte ich das alte Spiel und alle dazugehörigen Spielstände gelöscht. Dann brauchte ich die ganze Nacht, um mich wieder bis zu dem Raum der Katze vorzuarbeiten. Die Katze war noch da und sagte ihren Spruch auf. Zuerst wollte ich den Computer zertrümmern, dann wollte ich mich wenigstens betrinken, dann ließ ich auch das und ging ins Bett. Obwohl ich schon in den vergangenen Nächten kaum geschlafen hatte, lag ich die anderthalb Stunden wach, die mir noch blieben. Während der Arbeitszeit schlief ich wieder auf der Toilette, diesmal wurde es jedoch bemerkt und es gab Ärger.

Als ich wieder vor dem Computer saß, hoffte ich noch auf ein Wunder. Ich hoffte, dass statt der Katze nur ein gewöhnliches Monster hinter der Tür sitzt. Hinter der Tür saß aber die Katze und sagte: „Wir sind Sternenstaub."

Ich glaubte mich zu erinnern, diesen Satz schon einmal irgendwo gehört oder gelesen zu haben, und informierte mich über die Öffnungszeiten der Unibibliothek, um das dort zu recherchieren. Doch noch bevor ich dazu kam, hatte ich eine bessere Idee.

Ich betrat ein letztes Mal den Raum der Katze, hörte mir den albernen Spruch an und löschte danach das Spiel vom Rechner, für immer. Das war zwar so einfach wie genial, funktionierte aber nicht, denn nach einer halben Stunde installierte ich das Spiel von Neuem. Ich brauchte wieder mehrere Stunden, um zur Katze zu gelangen, und verfluchte währenddessen, dass ich so vorschnell alles gelöscht hatte. Als ich den Raum betrat, wurde ich von einer Riesenschlange angegriffen. Ich war so überrascht, dass ich mich zu spät wehrte und von ihr erwürgt wurde. Bevor ich den Raum betrat, hatte ich jedoch den Spielstand abgespeichert, und beim nächsten Versuch tötete ich die Schlange mit einer Granate. Hinter dem Kadaver öffnete sich ein weiterer Raum.

Eines verunsicherte mich trotzdem: Als die neue CD gekommen war, hatte ich alles genauso gemacht, erst gelöscht, dann neu installiert, und danach war die Katze noch da.

Ich löschte noch einmal, installierte noch einmal, und erkämpfte mir noch einmal den ganzen Weg. Auch diesmal saß das Schlangenmonster in dem Raum. Inzwischen war es Morgen. Ich rief in der Firma an und meldete mich krank. Dann wieder alles von vorn: löschen, installieren, zum Raum durchschlagen. Allerdings installierte ich diesmal nicht von der CD, die ich als Fehlerkorrektur bekommen hatte, sondern von der ersten originalen. Wieder traf ich auf die Schlange, obwohl das bei dieser CD beim besten Willen nicht sein konnte. Ich rief bei der Hotline an. „Ach, der Herr mir der Katze noch mal, und hat alles geklappt?“ „Nein“, antwortete ich: „Erst war es genau wie vorher, und dann war die Katze auf einmal weg, aber ...“. „Also die Katze ist weg?“, unterbrach er mich. „Ich verstehe nicht, welches Problem Sie jetzt noch haben.“ Ich entschuldigte mich und legte auf.

Und noch einmal löschen, installieren, kämpfen, aber wieder fand ich nur die Schlange. Bei meinem nächsten Versuch schlug ich zwischen Löschen und Installieren mit der Faust gegen den Rechner. Das brachte auch nichts. Ebenso wenig halfen das Low-Level-Formatieren der Festplatte, das Ausprobieren anderer BIOS-Einstellungen und alles, was ich sonst noch versuchte. Die Katze blieb verschwunden.

Aufenthalt

Ich war der Einzige, der aus dem Zug stieg. Es war Nacht, und ich musste hier zum zweiten und letzten Mal umsteigen. Durch einen langen Tunnel ging ich zu dem Bahnsteig, von dem mein Zug abfahren sollte. Der Bahnsteig war nicht gepflastert, voller Pfützen und lag am äußersten Ende, eigentlich schon außerhalb des Bahnhofs. Eine einzige orangefarbene Lampe tauchte ihn in gespenstisches Licht. Vor dem Nieselregen verkroch ich mich in das Wartehäuschen auf dem Bahnsteig. Es bestand aus einem kleinen Raum mit vier Bänken, die sich zu jeweils zweien gegenüberstanden, und einem ungeheizten Ofen. Beleuchtet wurde der Raum von einer Neonröhre. Durch den Staub auf der Röhre war das Licht nicht so grell wie normales Neonlicht, es war fast ein warmes Licht. Trotzdem war der Raum kalt. Ich war allein hier, versuchte zu lesen, konnte mich aber nicht konzentrieren und steckte das Buch wieder in die Reisetasche. Ich betrachtete meine Uhr, deren Zeiger für jede Minute länger brauchte.

Ein Mann und eine Frau kamen in den Warteraum. Die Frau betrat den Raum zuerst. Sie machte die Tür hinter sich zu. Einige Sekunden später kam der Mann und setzte sich ihr gegenüber auf die Bank, die neben meiner stand. Ich hielt sie erst für Alkoholiker, wurde dann aber unsicher, sie rochen nicht nach Schnaps, nur ein bisschen ungewaschen. Sie waren dünn, fast ausgemergelt. Ich versuchte zu schätzen, wie alt sie waren, musste aber passen, jeder der beiden konnte dreißig sein, konnte auch fünfundfünfzig sein. Ich nahm an, sie seien ein Paar, weil sie fast gleichzeitig gekommen waren und aussahen, als gehörten sie zusammen. Aber sie waren nur fast gleichzeitig gekommen, und dass sie in ihrer Erscheinung so ähnlich waren, sprach nicht dafür, dass sie zusammengehörten. Keiner der beiden sagte etwas. Ich beobachtete weiter die Zeiger meiner Uhr.

Kurz bevor der Zug ankommen sollte, kam noch einer, der setzte sich neben die Frau, mir gegenüber. Neben sich stellte er eine Tasche. Jetzt war jede Bank von genau einem besetzt. Der zuletzt gekommene Mann war untersetzt und kräftig und trug einen Jeansanzug, sicher kaum ausreichend gegen die Kälte. Seine Augen waren leicht stechend, und er hatte lange fettige Haare. Auch ich hatte da noch lange fettige Haare. Ich hatte aber nicht das Gefühl, dass uns das verband, ich hatte auch nicht das Gefühl, dass er dieses Gefühl hatte. Immer wenn ich von meinem Ziffernblatt aufblickte, sahen wir uns an. Wir sahen uns nicht mit Absicht an, aber so, wie wir saßen, hatten wir keine Möglichkeit, aneinander vorbeizuschauen. Natürlich, wenn ich unbedingt gewollt hätte, dann hätte ich vorbeischauen können. Aber dann hätte ich meinen Kopf sehr stark nach links oder rechts drehen müssen, meinen Blick so betont von ihm abwenden, als hätte ich etwas gegen ihn.

Als der Zug endlich kommen sollte, gab es eine Durchsage: Es würde zehn Minuten später werden. Direkt nach der Durchsage begann der Mann, der wie ein Alkoholiker aussah, zu sprechen:

„Heut früh, da war ich bei Otti, ich stand, hab meine Tasse Kaffee getrunken, aber kam keiner weiter, ich zu Otti: Kein Umsatz heute, Otti meinte: Zu kalt. Aber es war noch gar nicht kalt, danach is erst kalt geworden. Ich hab dann zu Otti …“ Er erzählte seinen ganzen Tag, sehr hastig, fast ohne Luft zu holen. Er hatte den ganzen Tag vor Ottis Kiosk verbracht. Sie hatten bloß in der ersten Stunde miteinander geredet. Es blieb ein schlechter Tag für Otti, er hatte nur noch drei weitere Kunden, die kurz blieben. Ich wusste immer noch nicht, ob der Mann und die Frau zusammengehörten. Er schien zu der Frau zu sprechen. Sie sah ihn dabei an, als ob sie intensiv zuhörte, sagte aber nichts, machte auch keine Geste wie Nicken oder Kopfschütteln. Nachdem er damit geendet hatte, dass Otti den Kiosk abschloss und nach Hause ging, schwieg er. Wir schwiegen alle.

Die zehn Minuten waren um. Nach zehn weiteren Minuten gab es eine neue Durchsage: „Die Ankunft des Zuges wird sich um eine zusätzliche Dauer verzögern.“

Der Mann neben mir brach sein Schweigen wieder: „Is det kalt hier“, stellte er fest. „Ooch, is det kalt, ham die nich geheizt? Is det kalt.“ Er wiederholte noch drei- oder viermal „Is det kalt.“ Die Frau kniete sich vor den Ofen, nahm den daneben stehenden Feuerhaken, öffnete die Klappe und stocherte in der Asche. Die Asche war noch vom vergangenen Winter und enthielt mit Sicherheit keine Glut mehr. Ich begann, erbärmlich zu frieren. Die Frau stocherte weiter, geduldig wühlte sie immer wieder die Asche um. Wir drei anderen sahen ihr dabei zu. Ihr Gefährte, oder vermeintlicher Gefährte, kniete sich neben sie, nahm ihr den Feuerhaken ab und stocherte nun selbst, mit derselben Geduld wie vorher die Frau. Auch er konnte nichts machen. „Is det kalt", sagte er ein letztes Mal, stellte den Haken wieder neben den Ofen und setzte sich. Die Frau setzte sich ebenfalls. Den Ofen ließen sie offen.

Es war wieder still. Durch die Scheiben sahen wir, dass sich in den Nieselregen inzwischen Schnee gemischt hatte, keine schönen Flocken, sondern kalter, matschiger Schnee. Nichts auf dem Bahnsteig deutete darauf hin, dass jemals ein Zug abfahren würde.

Der Mann mit den langen fettigen Haaren öffnete seine Tasche. Die Tasche war voller Bierflaschen. Er nahm eine, öffnete sie und begann zu trinken. Der andere Mann sagte: „Von Bier muss ich immer schiffen. Nach zwei Bier muss ich schiffen, nee, nach einem schon, oder nee ..., also gestern habe ich drei gesoffen, da musste ich erst nach drei, aber dann nach dem vierten wieder und dann nach jedem ... Kannste mir vielleicht eens verkoofen?" Der mit dem Bier sah ihn durchdringend an, dann öffnete er die Tasche und gab ihm wortlos eins. Der andere bedankte sich überschwänglich, fragte dann, was es koste. „Das schenk ich dir", antwortete der mit dem Bier, jetzt ohne ihn anzusehen, er sah dabei mich an. Er hatte eine heisere gedrückte Stimme, als ob er eine Kehlkopfkrankheit hatte. Mein Nachbar bedankte sich noch einmal, holte ein Taschenmesser aus der Hosentasche, öffnete damit die Flasche und trank. Er erging sich noch einmal in Betrachtungen, nach wie vielen Bieren er pinkeln müsse. Dann war er ruhig. Die beiden Männer tranken ihr Bier, die Frau und ich sahen ihnen zu. Der Zug war eine Stunde überfällig. Hinter den Scheiben fielen dicke nasse Flocken, so dicht, dass vom Bahnsteig nichts mehr zu sehen war.

Am Himmel

Vor einem reichlichen Jahr kam meine Promotion über die numerische Lösung eines nichtlinearen partiellen Differentialgleichungssystems ins Stocken. Ich hatte einen effektiven Lösungsalgorithmus für diese Gleichungen gefunden und war damit zu meinem Professor gegangen. Der machte mich aber darauf aufmerksam, dass für einen Bereich der Randwerte die Lösung instabil ist, was mein Algorithmus nicht berücksichtigt hatte. Ich sollte wieder zu ihm kommen, wenn ich die Behandlung dieser Instabilität in den Algorithmus eingebaut hätte. Eine Kleinigkeit, dachte ich, und setzte mich an meinen Schreibtisch, konnte das Problem aber am selben Tag nicht mehr lösen. Als ich es nach einer Woche immer noch nicht gelöst hatte, fuhr ich in den Garten.

Ich packte in meinen Rucksack die Bücher und Papiere, die ich brauchte, außerdem einen Schlafsack und Wäsche zum Wechseln, setzte mich in die Straßenbahn und fuhr hierher. In der Laube steht ein kleiner Kühlschrank, und direkt neben der Gartensiedlung gibt es einen Supermarkt. Nachdem ich dort eingekauft hatte, kochte ich mir Kaffee, breitete meine Unterlagen auf dem Gartentisch vor der Laube aus und begann sofort mit der Arbeit. Ich war völlig ungestört, der Garten hat nur auf einer Seite einen Nachbarn, und der war nicht da, er ließ sich auch an den folgenden Tagen nicht blicken, trotzdem war ich nach einer Woche nicht das kleinste Stück vom Fleck gekommen.

Aber ich machte eine Entdeckung. Ich saß wieder mit meinen Papieren und einer Kanne Kaffee am Gartentisch. Es war ein warmer Sommertag, vor der Sonne türmten sich jedoch einige Haufenwolken, wie sie sich bei schönem Wetter manchmal bilden.

Wenn man die Lösung meines Gleichungssystems in einem dreidimensionalen Koordinatensystem durch unterschiedlich intensiv gefärbte Raumpunkte darstellt, erhält man ein wolkenartiges Gebilde. Daran erinnerten mich jetzt die Wolken vor der Sonne. Ich schenkte mir Kaffee ein und goss Sahne dazu. Auch die Sahne bildete in der Tasse Wolken, weiße, hellbraune, dunkelbraune Wolken, wie am Himmel und wie in meiner Gleichung, von der Farbe einmal abgesehen. Wolken und damit auch die Lösung meiner Gleichungen haben die Gestalt von Kaffeesahne. Da ich über die Gleichungen sich in Kaffee lösender Sahne noch weniger weiß als über meine Gleichungen, nämlich nur, dass ihre Lösung zu den großen ungelösten Problemen der Mathematik gehört, nützte mir diese Entdeckung eigentlich nichts. Aber sie inspirierte mich, und ich ließ mich immer wieder inspirieren: Ich trank von nun an noch mehr Kaffee und schaute oft in den bewölkten Himmel.

Nach zwei Wochen tauchte der Nachbar auf, ich saß gerade über meinen Büchern und Notizen am Gartentisch und arbeitete, da trat er an den Zaun und grüßte. Es war offensichtlich, dass er mit mir reden wollte, also ging ich zu ihm.

„Der Zustand Ihres Gartens geht mich nichts an", sagte er und ließ seinen Blick über den Unkrautdschungel schweifen, „aber dass Ihr Unkraut durch den Zaun auf meine Beete wuchert, muss ich nicht hinnehmen."

Mir gefiel dieser Ton zwar nicht, aber ich konnte mich auf keinen Kleinkrieg einlassen, ich brauchte Ruhe für meine Arbeit. Noch am selben Tag befreite ich einen etwa fünfzig Zentimeter breiten Streifen entlang des Zaunes vom Unkraut und grub ihn um.

Am nächsten Tag winkte er mich wieder zum Zaun, ich dachte, er wollte sich dafür bedanken, dass ich ihn so schnell zufriedengestellt hatte, aber er sagte: „Dass Sie Ihren Kirschbaum nie verschneiden, kann mir eigentlich egal sein, auch wenn es schade um den schönen Baum ist, aber dass der jetzt schon zur Hälfte in mein Grundstück ragt und meinen Erdbeeren die Sonne nimmt ..., da müssen Sie was tun."

Einige Äste ragten tatsächlich ein kleines Stück über den Zaun. Wenn ich die jetzt abschneide, dachte ich, kommt er morgen mit einer neuen Beschwerde. Außerdem wird mir schon schwindlig, wenn ich auf einen Stuhl steige.

„Ich kann den Baum nicht verschneiden, ich bin nicht schwindelfrei, aber ich habe nichts dagegen, wenn Sie die Äste abschneiden", sagte ich.

„Das müssen sie schon selbst tun, lassen Sie sich etwas einfallen." Er wandte sich wieder der Arbeit auf seinen Beeten zu.

„Gut, ich lasse mir was einfallen", rief ich ihm hinterher.

In der Laube stand ein altes Luftgewehr, was mir mein Großvater zusammen mit dem Garten hinterlassen hatte. Ich holte das Gewehr und versuchte, die Äste vom Baum zu schießen.

„Sehen Sie, mir ist was eingefallen“, rief ich ihm zu und lachte. Ich wollte ihn durch diesen Spaß und das Lachen versöhnlich stimmen. Der Blick, den er mir zuwarf, hatte zwar nichts Versöhnliches, aber er sagte nichts, seitdem hat er überhaupt nicht mehr mit mir geredet. Ich hatte endlich die Ruhe, die ich zum Arbeiten brauchte.

Und ich hatte Gefallen am Schießen mit dem Luftgewehr gefunden. Wenn ich von der geistigen Arbeit Kopfschmerzen bekam, erholte ich mich, indem ich auf die meinen Nachbarn störenden Äste schoss. Es war unmöglich, einen Ast mit einem einzigen Schuss vom Baum zu schießen, ich musste immer wieder dieselbe Stelle treffen, damit der Ast vom Baum getrennt wurde und herunterfiel, aber ich bin ein guter Schütze und erledigte immer wieder mal einen Ast.

Nach einem Monat war ich mit den Gleichungen immer noch nicht weiter, ich kündigte mein Zimmer und lebte nun ganz im Garten. Nach einem Jahr glaubte ich, endlich kurz vor der Lösung zu stehen. Und ich hatte fast alle Äste heruntergeschossen, bis auf einen, einen besonders dicken.

*

Einen ganzen Tag lang hatte ich nichts anderes gemacht, als immer wieder auf diesen Ast zu schießen. Inzwischen war es zwar fast dunkel, aber er hing nur noch an einigen Fasern, und ich wusste nach diesem Tag auch im Dunkeln, wohin ich schießen musste, so schoss ich weiter. Ich wollte nicht schlafen gehen, bevor das Problem erledigt war. Doch plötzlich begann es, über der Stadt zu leuchten.

Vom Garten sehe ich am Horizont die Stadt. Ich sehe einige Kirchtürme und die Hochhäuser im Zentrum. Alles andere wird von einer langen fünfgeschossigen Häuserzeile verdeckt. Zwischen diesen Häusern und den Gärten liegen noch eine Grünanlage und der Supermarkt. Den Supermarkt sehe ich nicht, weil die Bäume des Parks davor stehen. Natürlich leuchtet die Stadt jede Nacht, hinter den dunklen, nur noch spärlich bewohnten Fünfgeschossern schimmern ihre Lichter in den Himmel. Doch jetzt lag in der Nähe des Zentrums über diesem Schimmer ein ganz helles Leuchten. Ich dachte erst, es sei ein Feuerwerk, aber bei einem Feuerwerk sieht man die Raketen fliegen, und hier flackerte es nur. Es schien zu brennen.

Ich schoss weiter auf den Ast, aber das Leuchten lenkte mich so ab, dass ich mich nicht mehr konzentrieren konnte. Ich stellte meine Waffe ins Regal und kroch in den Schlafsack.

Am nächsten Tag stieg dort, wo es am Abend geleuchtet hatte, Rauch auf, auch an einer anderen Stelle rauchte es. Es war windstill und der Rauch stieg in zwei senkrechten Säulen in den wolkenlosen Himmel.

Kurz vor Mittag donnerte es zweimal kurz nacheinander. Es gab in der Stadt keine Fabriken, die eine Katastrophe hätten auslösen können, es konnte nur eine Anschlagsserie sein, oder ein Flugzeug war mitten über der Stadt abgestürzt, ließ sich nicht löschen und explodierte Stück für Stück. Ich hatte ein Radio in der Laube, aber das war kaputt. Der Rauch verschwand den ganzen Tag nicht, und spät am Abend gab es wieder zwei Detonationen. Den ganzen Tag hatte ich nur auf den Himmel über der Stadt gestarrt. Ich hatte weder an meiner Promotion gearbeitet, noch hatte ich geschossen.

Auch am folgenden Tag rauchte es, jetzt überall, mindestens zwanzig Rauchsäulen standen über der Stadt, und immer wieder knallte es irgendwo. Keine Anschlagsserie ging zwei Tage und zwei Nächte, ohne dass ihr jemand ein Ende setzt. Ich schaltete das kaputte Radio ein und versuchte, doch noch etwas zu verstehen, aber es rauschte und piepste nur. Dann zwang ich mich, meine Höhenangst zu vergessen, stellte die Leiter an die Laube und stieg mit dem Radio aufs Dach, aber ich schaffte es auch auf dem Dach nicht, einen Sender zu empfangen. Ich kletterte wieder herunter, suchte in der Kramkiste der Laube ein Stück Draht, ging damit wieder nach oben und verlängerte die Antenne des Radios. Jetzt hörte ich Fetzen einer mir unbekannten Sprache. Dieser Sender blieb der einzige, den ich bekam. Ich nahm das Radio und den Draht und verließ das Dach.

Es rauchte und donnerte weiter. Es waren keine Anschläge und keine Industriekatastrophe. Vor einem Jahr, bevor ich hierher gefahren war, hatte es Demonstrationen und ab und zu auch Randale gegeben, aber ich war zu sehr mit meinen Gleichungen beschäftigt, um mich darum zu kümmern. Vielleicht hatte sich dieser Konflikt zugespitzt und zu Unruhen geführt. Um etwas zu erfahren, hätte ich jetzt sogar mit meinem unmöglichen Nachbarn geredet. Aber der war schon seit Tagen nicht mehr aufgetaucht, und auch in den anderen Gärten sah ich niemanden. Es war der Vormittag eines Wochentages. Zu dieser Zeit sind nie viele in ihren Gärten, doch jetzt war die Siedlung völlig verlassen. Vielleicht waren schon alle geflüchtet, hatten sich und ihre Familien in Sicherheit gebracht oder kämpften selbst. In der ganzen Stadt tobte der Konflikt, nur diese kleine Gartensiedlung hatte er nicht erreicht, oder besser: noch nicht erreicht. Bald würden sie die Gärten besetzen und dort niemanden finden als mich, die Wolken betrachtend.

Mittags schlich ich in den Supermarkt. Zwischen der Stadt und den Gärten lag er wahrscheinlich noch außerhalb der Kampfzone. Leider gab es dort keine Zeitungen, aber vielleicht konnte ich Unterhaltungen über die Kämpfe belauschen. Ich wollte nicht einfach danach fragen, denn es war mir peinlich, dass der Aufstand schon drei Tage oder länger tobte, ich aber von nichts wusste. Auf dem Weg dorthin begegnete ich keinem Menschen, und auf dem Parkplatz des Marktes stand nur ein einziges Fahrzeug, ein verrosteter Kleintransporter, der aussah, als stünde er hier schon sehr lange. An der Tür hing ein Schild: „Aus betrieblichen Gründen bleibt dieser Markt heute geschlossen. Bitte besuchen Sie uns stattdessen in unserer Filiale ...“ Das Schild war gedruckt, und hinter dem Wort „Filiale“ hätte sicher mit Kugelschreiber die Adresse des nächsten Marktes dieser Kette eingetragen werden sollen, aber dort war nur eine leere Stelle. Ich ging zurück in den Garten.

Am Nachmittag schien sich die Lage zu beruhigen, ich sah nur noch an einer Stelle Rauch, und nachts war es über den Häusern nicht heller als immer. Am nächsten Morgen rauchte es wieder überall, der Rauch bildete jetzt keine Säulen mehr, sondern über der Stadt lag eine einzige riesige Rauchwolke, und ich hörte eine Explosion nach der anderen. Als ich Kaffee kochen wollte, blieb der Tauchsieder kalt, der Strom war weg. Dann sah ich zum ersten Mal das Feuer. Einer der Fünfgeschosser stand in Flammen.

Bald würden sie hier sein, ich konnte hier nicht bleiben und brach auf in Richtung Stadt. Nach hundert Metern besann ich mich, ging zurück und holte das Luftgewehr. Ich wusste zwar, dass ich mich damit lächerlich machte, aber ich wollte nicht mit leeren Händen kommen.

Die Vertreibung

Heute ist der erste richtig schöne Tag in diesem Jahr, und ich war mal wieder draußen. Ich hatte lange überlegt, ob ich eine Wanderung in die Hügel vor der Stadt machen oder mich einfach nur auf meine Lieblingsbank im Park setzen und das Treiben beobachten sollte. Nachdem ich schon den Weg vor die Stadt eingeschlagen hatte, entschied ich mich dann doch für die Parkbank. Ich döste in der Sonne vor mich hin, beobachtete die Schwäne im Teich, die spielenden Kinder und die Liebespaare. Ab und zu nippte ich an meinem kleinen Fläschchen Klaren, das ich immer mit mir führe. Trotzdem bin ich kein Säufer, so eine Flasche reicht bei mir immer sehr lange und ich muss mich auch nicht zusammenreißen, um nur sehr kleine Schlucke zu nehmen. Ein Mädchen, dem ich nachschaute, drehte sich um und erwiderte meinen Blick leicht angewidert. Es ging also wieder los, bestimmt hatte das Mädchen einen Freund, der sich wichtig machen will und mir erklärt, dass ich mich verpissen soll. Oder ein netter älterer Herr setzt sich neben mich und sagt mir mit freundlichen Worten, dass mein Anblick verstörend wirkt, dass ich doch Rücksicht nehmen soll, wenigstens auf die Kinder, und mich hier nicht aufhalten kann. Vielleicht kommen auch ein paar Halbstarke und schlagen mich einfach zusammen. Das wollte ich mir ersparen, ich verzichtete auf die Sonne und ging. Ich glaube nicht, dass diese allgemeine Feindseligkeit ihre Ursache nur in meinem verwahrlosten Äußeren hat. Diese Probleme hatte ich auch schon, als ich noch regelmäßig die Kleidung wechselte und mich wusch. Ich ging nach Hause und wurde dabei immer schneller.

Meine Wohnung ist geräumig, ruhig und trotz der zentralen Lage in der Stadt sehr abgeschieden. Sie befindet sich in einem Häuserblock, der nur noch aus Ruinen mit eingestürzten Dächern besteht. Die einzigen Bewohner sind Penner, die es aber nie lange aushalten. Wir haben so gut wie keinen Kontakt zueinander und der einzige, der hier schon länger lebt, bin ich. Den Abschluss des fünften und letzten Hofes dieses Komplexes bildet eine Fabrik. Dort ist nicht nur das Dach, sondern auch die Wände sind eingestürzt, so dass da nie jemand wohnt, nicht einmal zeitweise, außer mir, ich wohne in dem riesigen Keller der Fabrik. Der Weg vom halbverschütteten Eingang des Kellers bis in meine Gemächer ist lang und kompliziert. Selbst jetzt, nachdem ich schon etliche Monate dort unten wohne, finde ich den Weg durch die verwinkelten, mit Müll verstopften und unter Wasser stehenden Gänge nicht immer gleich beim ersten Versuch. Der Keller ist voller vermoderter Regale und muss früher das Lager der Fabrik gewesen sein, obwohl sein Aufbau nicht immer den Gesetzen der Zweckmäßigkeit zu folgen scheint. Durch den Gestank des Mülls wäre er beim besten Willen nicht bewohnbar, nicht einmal durch eine so anspruchslose Person wie mich. Trotzdem ging ich dort gern mit einer Taschenlampe spazieren. Bei einem dieser Spaziergänge entdeckte ich hinter einem der Regale zufällig einen Einstieg in einen Schacht, in dem eine Leiter nach unten führt. Ich dachte erst einmal an verborgene Schätze, eine Stätte zur Produktion von Wunderwaffen, oder einfach an ein Geheimnis, dem ich auf der Spur bin, und das alle meine Probleme lösen wird.

Die Leiter führte sehr tief hinab, bestimmt sechs, sieben Meter in einen Gang mit lauter Stahltüren. Hinter den Türen waren nur leere Räume. Der letzte Raum des Ganges hatte eine Besonderheit, nämlich ein Hinterzimmer, welches wiederum ein Hinterzimmer hatte. Diese Hinterzimmer sahen wie die restlichen Räume aus. Es gab hier also weder Schätze noch Wunderwaffen, dafür auch keinen Müll, der untere Keller war sauber und von irgendwo kam frische Luft, es war auf den Gängen trotz der Tiefe zugig. Neben der Tür hing an einem Nagel ein Schlüssel, der passte. Abschließbar war das Zimmer also, nun fehlte bloß noch Licht. Ich probierte den Lichtschalter und das Licht ging an. Meinem Einzug hier unten stand nichts mehr im Wege. Ich wählte als Wohn- und Schlafraum das Hinterzimmer des Hinterzimmers und richtete es mit einer Matratze und einer Decke ein. Ich hatte hier mitten in der Großstadt einen Ort gefunden, wo ich keinen sehe und wo mich keiner sieht, und so beschloss ich, hier den Rest meines Lebens zu verbringen. Das ist inzwischen schon viele Monate her, vielleicht sogar Jahre.

In dem Schutt der Fabrik habe ich einen kleinen Beobachtungsposten, den ich immer für etwa fünf Minuten beziehe, bevor ich den Keller betrete. Ich will sichergehen, dass mir niemand folgt. Meine größte Sorge ist, dass ich zwar mein Zimmer, aber nicht den ganzen Bunker von innen sichern kann. Als einen kleinen Schutz habe ich direkt unter der Leiter meine Latrine eingerichtet, in der Hoffnung, dass eventuelle Neugierige durch den Gestank abgehalten werden. Trotzdem lässt mich diese Schwachstelle oft unruhig schlafen.

Nach diesem verpfuschten Frühlingstag überkamen mich Depressionen und ich wollte erst wieder nach oben gehen, wenn ich unbedingt musste. Da ich erreicht habe, dass mir das Sozialamt mein Geld einmal für den ganzen Monat auszahlt und ich einen großen Vorrat an Lebensmitteln und einen kleinen an Schnaps gebunkert habe, kann ich es sehr lange ohne Unterbrechung hier aushalten.

Ich legte mich hin, starrte auf die Decke und dachte nach. Nachdenken ist meine Hauptbeschäftigung. Ich denke entweder nach, indem ich auf der Matratze liege oder indem ich in meinem Zimmer auf und ab gehe. Manchmal, eigentlich ziemlich oft, liege ich auch auf meiner Matratze, ohne nachzudenken. Ich habe einen alten Kassettenrecorder und sechs Kassetten. Ab und zu spreche ich meine Gedanken darauf. Sechs Kassetten sind natürlich nicht viel, so dass ich immer wieder mal eine Kassette löschen muss. Meine Gedanken sind manchmal gut, mitunter sogar genial, vor allen Dingen wenn ich etwas getrunken habe. Wenn ich zwei Tage so liege und auf und ab gehe, entwickle ich Mosaikstein für Mosaikstein alles umfassende Philosophien. Wenn ich jedoch am dritten Tag versuche, diese Philosophien auf Band zu sprechen, bekomme ich sie einfach nicht mehr zusammen. Ich versuche, mich krampfhaft daran zu erinnern, wie ich mir das eigentlich gedacht hatte, aber es hilft nichts. Ich spreche dann trotzdem auf die Kassette, aber was darauf ankommt, sind keine gewaltigen Philosophien mehr, sondern besoffenes Gelaber. Deshalb ist es nicht tragisch, dass ich die Bänder immer wieder übersprechen muss. Beim Nachdenken philosophiere ich nicht nur, sondern male mir auch manchmal aus, was es für Folgen hat, wenn ich es wirklich einmal schaffen sollte, eine meiner Philosophien so großartig auf Tonband zu sprechen, wie ich sie mir gedacht habe. Ich könnte sie irgendwie an die Öffentlichkeit bringen, die Welt würde besser und ich berühmt werden. Das male ich mir sehr detailliert aus und damit vergeht noch mehr Zeit als mit dem Philosophieren selbst. Natürlich weiß ich genau, dass ich nie die Welt oder meine Lage ändern werde, das ist aber nicht so schlimm, mir reicht die Vorstellung davon. Denn hier in meinem tiefen Keller, fernab von aller Welt, bin ich glücklich.

Besser gesagt ich war glücklich, denn seit Kurzem habe ich Anzeichen dafür, dass mein unterirdisches Asyl bedroht ist. Drei Straßen weiter stehen Kräne und es wird gebaut, es wäre völlig unlogisch, wenn nicht bald auch hier gebaut würde. Es muss natürlich nicht gebaut werden, und wenn doch, dann vielleicht erst nach vielen Jahren. Trotzdem kriecht der Gedanke daran wie ein Wurm in meine bisher ungestörten Träume. Das Bild, wie sie kommen, erscheint ständig und in vielen tausend Varianten vor mir. Sie werden erst die Häuser und die alte Fabrik abreißen oder in die Luft sprengen, dann kommen sie irgendwann mal zum Keller und finden den Zugang zu meinen Räumen. Ich hatte mir schon überlegt, rechtzeitig eine Bombe zu basteln, oder mehrere. Damit würde ich, wenn es so weit ist, nachts die Maschinen zerstören, bevor sie mich gefunden haben. Dann würden neue Maschinen kommen, aber auch die würde ich wieder zerstören. Irgendwann würde hier keiner mehr bauen wollen und ich wäre ungestört für alle Zeiten. Den Gedanken an die Bomben verwarf ich jedoch bald wieder. Vielleicht finden sie meine Gewölbe auch gar nicht. Sie bauen irgendetwas darauf, ohne zu merken, dass die alte Fabrik unter dem Keller noch einen Keller hat, dabei wird der Zugang verschlossen, ich gehe in meinem Versteck ein, meine Leiche trocknet aus und schrumpft durch eine bestimmte Luftzusammensetzung. Als Kind hatte ich in einem Museum den mumifizierten Körper eines Schornsteinfegers gesehen. Er war in eine Esse gefallen und im Laufe von Jahren oder Jahrzehnten war sein Körper bis auf 45 cm Länge geschrumpft. Vielleicht schrumpft dann auch mein Körper und auch an meinen Überresten werden sich in einem Museum die Massen ergötzen. Natürlich ist das alles Unsinn und außerdem egal, weil es mir sicher sowieso nicht gut tut, wenn ich in einer Höhle ohne Tageslicht hause. Es gibt sicher auch im Grünen irgendwo ein einsames Plätzchen. Trotzdem war ich in letzter Zeit immer öfter an der Baustelle und hatte voller Angst bei der Arbeit zugeschaut. Auch jetzt zieht es mich mit aller Gewalt wieder dahin. Ich bin gerade ein und eine halbe Stunde seit meinem Ausflug in die Oberwelt zu Hause und wollte in meinem Versteck bleiben, so lange Essen und Trinken reichen. Aber gegen meinen Willen gehe ich wieder zu den Bautrupps und schaue ihnen zu. In der Mitte der Baustelle gräbt ein riesiger Bagger in unwahrscheinlichem Tempo ein Loch. Ich starre den Bagger an, so wie eine Schlange ein Kaninchen anstarrt, um es zu hypnotisieren und regungslos zu machen. Aber der Bagger lässt sich nicht hypnotisieren. Das Loch wird größer und größer.

Der dritte Weltkrieg

Bevor mich Kathrin zurückfahren würde, ging ich noch schnell vor das Haus, um eine Zigarette zu rauchen. Ich spazierte die kurze krumme Straße, die von Reihenhäusern aus den neunziger Jahren gesäumt war, bis zur Einmündung in die Hauptstraße, dann wieder zurück zu ihrem Haus, dann hatte ich aufgeraucht. Den Stummel warf ich in die Mülltonne, die vor dem Haus auf die Leerung am nächsten Tag wartete.

Ich durchschritt den kleinen Vorgarten, stieg die vier Stufen bis zur Eingangstür ihres Hauses hinauf und klingelte.

Sie öffnete, aber statt mich hineinzulassen, hielt sie mir ein Tablet vors Gesicht, dabei den Eingang versperrend. Auf der geöffneten Webseite war neben einem kurzen erklärenden Text eine Landkarte Europas abgebildet, mit den Staatsgrenzen und lauter farbigen Pfeilen. Die Pfeile stellten Truppenbewegungen dar. Auch Deutschland war jetzt offiziell kriegsbeteiligt. Dass das irgendwann passieren würde, war zu erwarten, dass es so schnell passieren würde, und gerade jetzt, war überraschend.

Sie schaute mich ungeduldig an, und irgendwie schien es, als mache sie mich für die Situation ein wenig verantwortlich. Es war völlig klar, dass sie mich unter diesen Umständen nicht mehr in die Stadt fahren konnte. Sie sagte: „Der Kofferraum ist offen", und schloss die Haustür wieder von innen.

Ich ging hinter das Haus in den Carport, öffnete den unverschlossenen Kofferraum, nahm meinen Rucksack und die beiden Plastiktüten mit den Dingen heraus, die nicht in den Rucksack passten und auch schnell greifbar sein mussten, und machte mich zu Fuß auf den Weg. Erst jetzt fragte ich mich: Warum konnte sie mich eigentlich nicht mehr ins Zentrum fahren, oder zumindest, warum war das so selbstverständlich, dass das nicht mal eine Erklärung erforderte? Hätte sie mich unter diesen Umständen nicht gerade in die Stadt bringen sollen? Oder vielleicht sogar länger bei sich behalten. Aber sie würde ihre Gründe haben, wahrscheinlich war wegen des Krieges ihr Mann schon auf dem Weg nach Hause und konnte jeden Augenblick eintreffen.

Ich ging mit meinem Rucksack und den prall gefüllten Plastiktüten wieder zur Hauptstraße und dann an deren Rand weiter Richtung Innenstadt. Kurz hinter der Siedlung verlief die Straße noch einmal durch einen Kilometer Wald, dann kamen einige weitere Einfamilienhaussiedlungen und dann begann auch schon die geschlossene Bebauung. Je weiter ich kam, desto voller wurden die Straßen, voller Fußgänger, voller Autos, jeder schien noch etwas erledigen zu wollen.

Ich erreichte den Park mit dem abgelegenen, fast versteckten kleinen Rondell mit vier Bänken, wo ich in der Regel, zumindest, wenn das Wetter so schön wie heute war, die Nacht verbrachte. Es war schon spät, aber es war noch warm und noch hell. Auch dieser Park war voller Menschen, aber anderer Menschen als gewöhnlich, es gab kaum normale Spaziergänger oder Kinder, stattdessen Leute wie mich, mit schmierigen Rucksäcken, Einkaufswagen voller Habseligkeiten, vollgepackten Wägelchen, rostigen Fahrrädern mit verschnürten Taschen auf dem Gepäckträger und an den Seiten. Die Bänke an dem Rondell waren schon vollständig belegt, niemanden hier kannte ich. Ich ging nun zurück zu der großen zentralen Wiese des Parks. Dort hatten sich viele schon einfach im Gras niedergelassen, auch dort sah ich keine bekannten Gesichter. Sicher waren meine Kumpane auch irgendwo hier im Park, aber es war aussichtslos, sie bei den vielen Leuten zu finden. Mein Telefon hatte ich bei Kathrin aufladen wollen, das hatte ich aber vergessen, und wenn ich es nicht vergessen hätte, hätte es mir wahrscheinlich nichts genützt. Ich hatte nur von einem die Nummer, und dessen Telefon war ebenfalls fast nie eingeschaltet, wir fanden uns normalerweise ohne Telefon.

Ich saß nun im Gras und sah mich um. Einige saßen für sich, so wie ich, die meisten saßen aber zu zweit, zu dritt oder zu viert. Viele tranken gemeinsam. Die meisten wirkten bedrückt, einige waren aber regelrecht aufgekratzt. Dieser Auflauf: War das Zufall, war das eine Zusammenrottung oder waren die zusammengetrieben oder herbeordert worden?

Vorgestern hatte ich in einer kleinen Runde gesessen, die sich auf den beiden gegenüberstehenden Bänken in der Grünanlage vor der Sparkasse versammelt hatte. Wir kannten uns dort alle.

Dass auch bei uns irgendwann Krieg sein würde, war da noch nicht so endgültig klar wie jetzt, aber abzusehen war es auch vorgestern schon. Ich sagte laut in die Runde: „Und schuld daran sind nur diese dummen schwanzgesteuerten Machos." Ich meinte damit die Leute in der Regierung, bei der Presse, ganz allgemein die, die etwas zu sagen hatten und die das nicht verhindert und stattdessen aktiv befeuert hatten. Alle nickten zustimmend, zwei sagten unisono: „Genau."

Diesen Spruch brachte ich auch jetzt an. Ich stand auf und rief über die Wiese mit all den Pennern: „Und schuld daran, sind nur diese dummen schwanzgesteuerten Machos." Ich wollte auf diese Art und Weise mit den Leuten oder wenigstens einigen davon ins Gespräch kommen, Anschluss finden. Außerdem wollte ich auch zu etwas Kampfgeist ermuntern, wir durften uns nicht alles gefallen lassen. Alle schauten zu mir. Da ich erst mal nichts weiter sagte, schauten sie aber bald wieder weg und wandten sich ihren Gruppen und Grüppchen zu. Ich setzte mich wieder und kam mir dumm vor. Ich hätte jetzt gern mit irgendjemandem ein ganz normales Gespräch begonnen, aber nach meinem Auftritt von eben traute ich mich nicht mehr.

Dass die Wiese von so vielen Pennern belegt war, war ungewöhnlich, dass sich niemand daran störte, auch, aber jetzt wurde mir erst bewusst, was außerdem noch ungewöhnlich war: die Stille. Die Leute, zumindest die, die in Gruppen auf der Wiese saßen, redeten miteinander, aber niemand, auch niemand von denen, die Alkohol tranken, sang, krakeelte oder brüllte.

Es begann zu dämmern, blieb aber immer noch warm. Einige lagen jetzt auf der Wiese und schliefen, einige in Schlafsäcken auf Isomatten, einige einfach im Gras. Die meisten aßen jetzt, und tranken dazu, wenn auch nicht alle. Immer mehr legten sich schlafen.

Auch ich sollte etwas essen, dachte ich, hatte aber keinen Hunger. Ich war auch nicht müde. Trotzdem breitete ich Isomatte und Schlafsack aus und legte mich schlafen. Ich hatte das Gefühl, es sei keine gute Idee, hier die Nacht zu verbringen und den nächsten Tag zu erwarten, ich sollte verschwinden. Ich verließ den Schlafsack wieder, aber statt zu verschwinden, richtete ich mich auf und ließ meinen Blick über die Wiese wandern. Ich versuchte, im letzten Tageslicht zu erkennen, ob ich vielleicht doch meine Kumpane sehen würde. Stattdessen sah ich, dass mich alle anschauten, als erwarteten sie eine Fortsetzung meiner kurzen Rede von vorhin. Ich setzte mich schnell wieder hin. Nachdem ich kurz überlegt hatte, stand ich ein drittes Mal auf und ging mit gesenktem Kopf, ohne einen Blick auf die umliegenden Menschen zu werfen, die zehn Meter bis zu der Gruppe, die mir am nächsten war, drei Männer und eine Frau, zwischen zwanzig und sechzig, genauer konnte man es wirklich nicht sagen.

Von meinem Platz aus hatte ich beobachtet, dass sie gegessen hatten. Irgendwann war das Essen zusammengepackt und sie tranken aus einer Weinflasche, die sie kreisen ließen. Das taten sie jetzt immer noch, ohne dabei miteinander zu sprechen. Die Frau musste mal gut ausgesehen haben, eigentlich sah sie immer noch gut aus.

Sie sahen mich jetzt an. Einer der Männer, er hatte lange blonde Haare, einen blonden Vollbart und rote Haut, sagte zu mir mit einer tiefen zerkratzten Stimme: „Wir kaufen nichts." Die drei anderen lachten.

Ich lachte ebenfalls, etwas gezwungen, und fragte dann schnell: „Wisst ihr, was hier los ist?"

Der, der unmittelbar neben dem Blonden saß, ein dünner Schwarzhaariger mit tiefen Falten und glänzenden Augen, er sah von den vieren am abgerissensten aus, sagte: „Wir kaufen auch keine Schwanzmachos." Er schien betrunken oder aus anderen Gründen nicht völlig zurechnungsfähig zu sein. Er lachte laut und lange über seine Bemerkung und sah sich dabei nach den drei anderen um. Die beachteten aber weder ihn noch seinen Witz.

„Wieso soll hier was los sein?", fragte mich jetzt der Blonde. Das restliche Gespräch bestritten ausschließlich er und ich.

„Diese Menschenansammlung, sieht hier doch sonst nicht so aus."

„Keine Ahnung, wie es sonst aussieht, wir sind sonst nicht hier."

„Und wieso seid ihr heute hier?"

„Das hat sich so ergeben, was soll die Fragerei?"

„Ich dachte vielleicht wegen dem Krieg", sagte ich.

„Krieg?", fragte er zurück, und sah mich erst an, als hätte er noch nie davon gehört. „Ja, der Krieg", sagte er dann und fragte: „Können wir dir dabei irgendwie helfen?“

Ich wusste nicht, was ich auf diese Frage antworten sollte.

„Nicht?“, fragte er. „Na dann ist ja alles gut. Noch was?“

Sie wendeten sich von mir ab und wieder ihrer Weinflasche zu. Ich ging zurück zu meinem Platz. Bevor ich mich setzte, überlegte ich kurz, ob ich es bei einer weiteren Gruppe versuchen sollte. Dann sagte ich mir noch einmal, dass ich verschwinden sollte, konnte mir aber die Frage: Wohin? Nicht beantworten. So kroch ich wieder in meinen Schlafsack. Ich schaute in den Himmel, der jetzt fast dunkel war und sich mit immer mehr Sternen bevölkerte.

Die Ratte

An einem Imbissstand in der Fußgängerzone, einem provisorischen Häuschen aus Holz, dessen Wände nicht genau unten abschlossen, kam aus der Ritze über dem Boden eine Ratte heraus.

Jeder, der die Ratte nicht gleich selbst gesehen hatte, wurde von jemandem darauf aufmerksam gemacht. Die Ratte hatte offensichtlich nicht mit so viel Aufmerksamkeit gerechnet, als sie ihr Versteck verließ. Sie wirkte verschreckt und verängstigt, ging aber nicht zurück, sondern stürzte in Panik zum nächsten Gully.

Der Gullydeckel hatte breite Spalten. Die Ratte war aber sehr dick, wahrscheinlich hatte sie sich in der Würstchenbude fettgefressen, so waren die Spalten für sie nicht breit genug. Sie schob ihren Kopf und ihren Vorderleib durch die Lücke und blieb mit dem Hinterteil stecken. Sie strampelte mit den Hinterpfoten und wackelte mit dem Schwanz, kam aber weder vor noch zurück. Die Leute lachten. Wenn man sich über den Gully beugte, sah man an dessen Boden die Augenpaare von weiteren Ratten leuchten. Von oben und von unten beobachtet, wurde die Ratte immer hektischer.

Ein ungefähr fünfzigjähriger Mann schob die Ratte mit seinem Fuß durch das Gitter. Sie war erlöst. Oder auch nicht. Wie sollte sie wieder herauskommen, und war sie überhaupt unverletzt unten angekommen? Ratten sollen hilflose Artgenossen auffressen.

Die Frau des Mannes schimpfte so laut, dass es alle hörten: „Alle gucken nur ..., alle gucken nur ..., aber du ..., du musst es wieder machen.“ Dann kotzte sie in den Gully. Als sie damit fertig war, schaute sie sich kurz um und begann zu weinen.

Der Mann stand die ganze Zeit neben ihr, halb abgewandt. Er wusste nicht, wo er hinschauen sollte, ob er etwas sagen oder tun sollte. Er blieb so stehen und sagte die ganze Zeit nichts.

Schließlich gingen die beiden. Die Menge zerstreute sich.

Am Montag versäumte es Frau Müller, ihre Arbeit ordentlich zu erledigen. Sie hatte eine Teilzeitstelle, und jeden Tag legte ihr ihre Chefin kurz vor Feierabend noch ein Schriftstück auf den Tisch. Vor Frau Müllers Feierabend, die Chefin arbeitete Vollzeit und hatte erst später Feierabend. Die Chefin sagte dann: „Elke, es wäre schön, wenn das heute noch rausgeht." Und Frau Müller antwortete ihrer Chefin jeden Tag: „Klar, kein Problem, Jeanette." Und es war auch wirklich nie etwas Problematisches dabei, so dass sich Frau Müllers Feierabend dadurch nur wenig verzögerte.

Mit dieser Angewohnheit ihrer Chefin hatte sich Frau Müller schon lange abgefunden. Sie kostete sie meistens nicht mehr als zehn oder fünfzehn Minuten ihrer Freizeit, selten mehr als 30 Minuten und fast nie über eine Stunde, und deshalb wollte sie nicht den Frieden und das sehr gute Verhältnis mit ihrer Chefin aufs Spiel setzen. Und dass sie an jenem Montag nach Hause ging, ohne dieses Schriftstück abgeschickt zu haben, war kein bewusster oder unbewusster Aufstand gegen die Chefin, sondern sie hatte es wirklich nur vergessen.

Am Dienstag verpasste sie es, zur Arbeit zu erscheinen. Sie saß wie jeden Morgen vor dem Losgehen in ihrer geräumigen und praktisch, aber nicht zu praktisch eingerichteten Küche mit dem Laptop und las die Nachrichten. Da gestern und heute auf der Welt nichts passiert war, war sie damit schneller als sonst fertig, und sie hatte noch ein Computerspiel angefangen. Als sie davon aufblickte, war es später Vormittag. Sie meldete sich telefonisch bei ihrer Chefin krank. Die Chefin war voller Verständnis und sagte, sie habe sich gestern schon Sorgen gemacht. Gestern schon Sorgen gemacht?, dachte Frau Müller. Dann fiel ihr der weder fertiggestellte noch abgeschickte Brief ein und sie sagte, ja, sie habe sich gestern auch schon nicht gut gefühlt. „Na dann erhol dich schnell, Elke, wir vermissen dich", beendete die Chefin das Gespräch.

Am Mittwoch vergaß Frau Müller, ihren Großen zur Schule zu schicken. Der „Große" ging erst in die zweite Klasse und war für sein Alter nicht sonderlich groß, eher so mittel. Da er auch keine jüngeren Geschwister hatte, sondern ein Einzelkind war, war die Bezeichnung „der Große" eigentlich völlig ungerechtfertigt, oder vielleicht doch nicht, er war ziemlich selbständig für sein Alter und legte den zwar kurzen, aber über zwei belebte Straßen führenden Schulweg jeden Tag allein zurück.

Normalerweise bereitete seine Mutter für sich und ihn das Frühstück und weckte ihn dann. Während sie Kaffee und Kakao kochte, Weißbrot toastete und den Tisch deckte, hörte sie Radio. Diesmal hörte sie nur Radio, ohne dass sie Frühstück machte, sie träumte, an den Herd gelehnt, zur Musik aus dem Radio vor sich hin. Und da sie den Jungen erst wecken konnte, wenn das Frühstück fertig war, und das heute aber nicht fertig wurde, weckte sie ihn nicht. Sie schreckte auf, als er nach einer halben Stunde in der Küche stand.

„Mist, verpasst", sagte sie, und holte schnell alles nach, oder eigentlich nicht schnell, denn selbst jetzt gingen ihr die Handgriffe langsamer als sonst von der Hand. Als sie fertig war, hätte er losgehen müssen, um es wenigstens rennend noch zu schaffen. Aber Frau Müller wollte ihn nicht mit leerem Magen aus dem Haus lassen, und er hatte sich auch noch nicht gewaschen und die Zähne geputzt.

„Iss in Ruhe", sagte sie.

Er hatte aber keine Ruhe, er wollte nicht zu spät kommen.

Frau Müller sagte: „Du kommst nicht zu spät, versprochen, iss."

Sie aßen, während er die ganze Zeit auf die Uhr schaute und sich fragte, wie es seine Mutter anstellen wollte, ihr Versprechen zu halten. Das tat sie dadurch, dass sie die Direktorin anrief, was sie als stellvertretende Elternsprecherin jederzeit konnte, und den Jungen krankmeldete.

„Ach je", sagte die Direktorin, „gut, ich leite das weiter, na dann pfleg ihn gesund, Elke."

Sie hatte das Telefonat in Anwesenheit des Jungen geführt, um ihm zu zeigen, dass das Problem tatsächlich gelöst war. Außerdem zeigte sie ihm damit allerdings, dass sie auch ohne mit der Wimper zu zucken lügen konnte, was er bisher so noch nicht bemerkt hatte.

Dann sagte sie: „Du hast heute Ferien, kannst spielen gehen." Da seine Freunde alle in der Schule waren, war es zwar kein vollwertiger Ferientag, aber er ging trotzdem spielen. Da er nicht nur selbständig war, sondern auch sozial kompetent, freundete er sich drei Straßen weiter schnell mit zwei etwas älteren Jungen an, die nie in die Schule gingen.

Am Donnerstag weckte Frau Müller nicht nur den Jungen nicht, sondern blieb selbst liegen. Der Große stand wieder irgendwann auf, ohne geweckt zu werden, und kam in das ganz in unterschiedlichen Blautönen gehaltene Schlafzimmer an ihr Bett.

Ohne rechte Logik sagte sie zu ihm: „Du musst auch heute zu Hause bleiben, sonst kommt alles raus."

Dann gab sie ihm Geld, damit er sich etwas zu essen kaufen konnte. Obwohl nicht dazu aufgefordert, kaufte er auch für seine Mutter zwei Burger und eine Cola und stellte es ihr auf den Nachttisch.

Am Freitag war es wie am Donnerstag, Frau Müller blieb im Bett und ihr Sohn kümmerte sich um den Einkauf. Inzwischen hatte sich seine Verunsicherung gelegt und er betrachtete die neue Situation als ein Abenteuer.

Mittags wurde Frau Müller von ihrer Chefin angerufen und um einen Krankenschein gebeten. Da sie gerade angefangen hatte, sich im Bett zu langweilen, war ihr das ganz recht. Sie zog einen Bademantel über, ging ins Obergeschoss, ins Arbeitszimmer ihres Mannes, der gerade auf Dienstreise war, und scannte einen alten Schein, den sie noch hatte. Dann ging sie mit ihrem Notebook wieder ins Bett und machte daraus einen aktuellen gültigen Krankenschein. Da sie in der Firma diejenige war, die die Krankmeldungen bearbeitete, wusste sie, was sie zu tun hatte, und war außerdem die Einzige, die einen echten von einem falschen Krankenschein unterscheiden konnte.

Am Montag der darauffolgenden Woche war kein Bargeld mehr im Haus. Frau Müller gab ihrem Sohn die Geldkarte und erklärte ihm, wie er einen Geldautomaten zu bedienen hatte.

Im Automatenraum der Sparkasse zog er neben Bewunderung wegen seiner Selbständigkeit auch einige misstrauische Blicke auf sich, aber schließlich bekam er ohne Probleme an einem rollstuhlfahrergerechten niedrigen Automaten einige Geldscheine.

Ab Dienstag verließ Frau Müller das Bett konsequent gar nicht mehr, auch nicht zu Verrichtungen, zu denen außerhalb von Krankenhäusern und Pflegeheimen jeder aufsteht. Wie es im Bett bald aussah, kann sich jeder vorstellen, wer das nicht kann, hat nichts verpasst.

Am Sonnabend dieser zweiten Woche kam Herr Müller von seiner dreiwöchigen Dienstreise aus Äthiopien zurück, wo er in einer Fabrik die Mitarbeiter in der Bedienung der Unternehmensverwaltungssoftware SAP geschult hatte. Die beiden hatten am Abend vorher noch miteinander telefoniert, wobei Frau Müller trotz ihrer Verwahrlosung ein normales Gespräch zustande gebracht hatte. Sie hatte ihm erzählt, dass der Große gelernt habe, völlig selbständig und verantwortungsbewusst mit Geld umzugehen, Herr Müller werde staunen, sonst gebe es nichts Neues.

Als Herr Müller, müde vom langen Flug, nun erst das Haus und dann das Schlafzimmer betrat, bekam er einen der Situation angemessenen Schreck.

„Nein, ich bin nicht krank“, antwortete ihm Frau Müller auf seine diesbezügliche Frage, während er ihre Hand hielt. Herr Müller versuchte, noch etwas zu sagen, brachte aber kein Wort heraus.

„Beruhige dich doch, du bist ja völlig hysterisch“, sagte seine Frau. „Es geht mit gut, wirklich, ich habe nur keine Lust aufzustehen“

Herr Müller dachte jetzt, seine Frau sei noch kranker, als er bei Betreten des Zimmers gemeint hatte.

Er führte erst einmal den still hinter ihm stehenden Großen aus dem Schlafzimmer, als wollte er ihn vor einem Anblick bewahren, an den der sich im Lauf der Woche sowieso gewöhnt hatte. Dann ging Herr Müller wieder ins Schlafzimmer, wo ihn seine Frau anlächelte. Dieses Lächeln ließ ihn mit einem „Moment, komme gleich wieder“ zurück ins Wohnzimmer flüchten, wo der Junge jetzt auf einem der beiden Sofas saß und seinen Vater anschaute. Der Große erhoffte sich von ihm, dass er die Normalität wiederherstellte, Abenteuer hin, Abenteuer her. Herr Müller hatte den Sohn seit seiner Ankunft weder richtig begrüßt noch ihm seine Geschenke überreicht, eine kleine Spielkonsole mit einem altersgerechten Spiel dazu und einen afrikanischen Speer. Herr Müller setzte sich auf das andere Sofa und ließ sich Bericht erstatten.

„Mama ist nicht mehr aufgestanden und hat gesagt, ich soll nicht mehr zur Schule gehen, das habe ich dann auch nicht mehr gemacht“, fasste er die Ereignisse der letzten zwei Wochen zusammen.

Herr Müller versank in Nachdenken, er liebte seine Frau und war überzeugt, dass niemand ohne Ursache so zusammenbrach, vielleicht waren seine Dienstreisen schuld. Normalerweise führten die zwar nicht über mehrere Wochen bis nach Afrika, sondern nur für jeweils wenige Tage in deutsche Unternehmen, waren dafür aber recht häufig.

Herr Müller ging wieder ins Schlafzimmer und schaute Frau Müller an. Frau Müller liebte Herrn Müller genauso wie er sie. Sein ständiges Verständnis und seine oft etwas linkische Hilfsbereitschaft rührten sie. Ab und zu gingen sie ihr auch auf die Nerven, und so war sie über seine vielen Dienstreisen manchmal ganz froh, obwohl sie sich dann neben ihrer Arbeit allein um den Jungen kümmern musste.

Herr Müller sagte: „Gut, du hast ja recht, ich habe zu dieser ganzen Scheiße auch keine Lust mehr." Er meinte damit nicht die Scheiße, in der seine Frau lag, sondern ihrer beider Leben, obwohl er das bisher nie mit so negativen Worten beschrieben hätte und auch nicht gesehen hatte und auch jetzt nicht so sah. Frau Müller verstand nicht, was ihr Mann meinte. Dem wurde die Unangemessenheit seiner gutgemeinten Bemerkung bewusst und er sagte: „Du solltest aufstehen und dich duschen."

Frau Müller stand auf und ging duschen. Herr Müller rief die Sperrmüllentsorgung an und versprach ein fürstliches Trinkgeld, wenn sie sofort kämen. Das taten sie. Als die beiden Entsorger im Zimmer standen und sich erst weigern wollten, die verdreckte Matratze anzufassen, gab er noch mehr Geld, dann taten sie es.

Frau Müller duschte lange und gründlich, und als das Zimmer schon wieder sauber und gelüftet war, hatte sie das Badezimmer immer noch nicht verlassen so dass Herr Müller noch Zeit hatte, eine alte Matratze vom Dachboden zu holen und Kissen und Decken mit hellblauer Bettwäsche zu beziehen und aufs Bett zu legen. Frau Müller kam endlich aus dem Bad und legte sich nackt und mit nassen Haaren wieder in das nun saubere Bett. Als sie ihn dann anschaute und fragte: „So und jetzt?“, empfand er nicht nur diese Frage als die Provokation, als die sie gedacht war, sondern er kam plötzlich zu der Überzeugung, dass Frau Müllers gesamte Vernachlässigung nur dazu gedacht war, ihn zu provozieren.

Herr Müller war zwar linkisch, aber nicht naiv, und er wusste, dass er seiner Frau ab und zu auf die Nerven ging. Darüber ärgerte er sich, besonders jetzt, als er nach drei anstrengenden Wochen und einem langen Flug mit diesem Unsinn konfrontiert wurde. Herr Müller spielte kurz die Option einer Trennung durch. Der Große würde dann aber nicht bei seiner Frau bleiben können, dafür war sie zu instabil.

Er versuchte, sich als alleinerziehenden Vater vorzustellen. Als ihm das auch nach dem dritten Versuch nicht gelang, sagte er: „Wir sollten zusammen nach einer Lösung suchen. So kann es nicht weitergehen.“

Er meinte das Leben, so wie sie es führten, vor allen Dingen seine vielen Dienstreisen, die er verabscheute. Frau Müller dachte, er meinte ihr Liegen im Bett und sagte: „Wieso nicht, komm doch endlich mit rein.“

Herr Müller tat das und sagte: „Aber danach lass uns reden".

Danach standen sie auf, zogen sich an, auch Frau Müller zog sich jetzt an, und sie gingen ins Wohnzimmer. Herr Müller öffnete eine Flasche Wein und stellte zwei Gläser auf den Tisch vor dem Sofa, auf das sie sich jetzt setzten, dann redeten sie. Der Große war mit seinen neuen Freunden spielen.

Herr Müller sagte wieder: „So kann es nicht weitergehen, du hast ja recht." Frau Müller, die für ihr Verhalten der vergangenen zwei Wochen keine Erklärung hatte und der es mit jeder Minute Abstand unheimlicher wurde, dämmerte es, dass ihr Mann dieses Verhalten als ein ganz bewusstes und, wie es schien, auch berechtigtes Verweigerungsverhalten verstand.

„Du hast recht", sagte sie, „aber wie soll es denn weitergehen?"

Dazu fiel ihnen beiden nichts ein, und Herr Müller begann stattdessen, endlich von seinen Erlebnissen in Äthiopien zu erzählen.

Am nächsten Morgen setzten sie sich ins Auto und fuhren in die Umgebung der Stadt. Die Gegend ist zwar ziemlich flach, aber es gibt einen kleinen Hügel, von dem man einen Blick weit in die Ferne hat. Man sieht von dort nichts als Wald, der die beiden jetzt an einen endlosen grünen Ozean erinnerte.

Sie saßen Hand in Hand auf dem Hügel, schauten in diesen Waldozean und träumten vom Glück. Nicht nur vom Glück, denn glücklich waren sie bereits. Sie träumten vom großen Glück, von einem großen unbestimmten Glück.

Ab Montag ging der Junge wieder zur Schule und holte den versäumten Stoff schnell nach. Frau Müller ging wieder zur Arbeit. Die Fälschung des Krankenscheins war bemerkt worden und sie hatte eine Aussprache mit ihrer Chefin, danach war das sehr gute Verhältnis wiederhergestellt. Allerdings bekam Frau Müller jetzt zum Feierabend oft nicht nur eine, sondern zwei oder drei Dinge zu erledigen, bevor sie nach Hause ging. Herr Müller hatte sich nichts zu Schulden kommen lassen und musste nicht mehr als bisher dienstlich umherfahren. Bald sank auch Frau Müllers Arbeitspensum wieder auf das übliche Maß.

Die beiden liebten sich weiterhin und redeten nicht mehr von dem Vorfall. Die einzigen Spuren, die das Ganze hinterließ, waren der erweiterte Freundeskreis des Großen und die Tatsache, dass er jetzt ab und zu die Schule schwänzte, auch ohne von seiner Mutter dazu aufgefordert zu werden.

Impressum

Thomas Jez
Vom Kleingartendach die rauchende Innenstadt

Trottoir Noir | Skizzenbücher # 22 | Erzählungen
1. Auflage, Leipzig 2023
ISBN 978-3-945849-26-2

Erschienen bei Trottoir Noir

Henriettenstraße 7
04177 Leipzig

www.trottoirnoir.de
info@trottoirnoir.de

Gesetzt in der *Algebra* von *Commercialtype*.

Die Erzählungen „Die Vertreibung", „Am Himmel", „Murmeltiere" (unter dem Titel „Halbe Tiere") und „Pitbulls" wurden in der Literaturzeitschrift „Ort der Augen" veröffentlicht. „Ins Gebirge" wurde in der Anthologie „Du Mann Ich Frau" (Halle/Saale 2003) veröffentlicht. „Die Vertreibung" und „Ins Gebirge" sind außerdem in der Anthologie „Der Mars vor der Haustür" (Leipzig 2012) erschienen.